중국
유랑

상

중국 유랑 상

발행일   2022년 11월 30일

지은이   채한종
펴낸이   손형국
펴낸곳   (주)북랩
편집인   선일영   편집   정두철, 배진용, 김현아, 류휘석, 김가람
디자인   이현수, 김민하, 김영주, 안유경   제작   박기성, 황동현, 구성우, 권태련
마케팅   김회란, 박진관
출판등록 2004. 12. 1(제2012-000051호)
주소   서울특별시 금천구 가산디지털 1로 168, 우림라이온스밸리 B동 B113~114호, C동 B101호
홈페이지 www.book.co.kr
전화번호 (02)2026-5777   팩스   (02)3159-9637

ISBN   979-11-6836-564-3 04910 (종이책)   979-11-6836-566-7 05910 (전자책)
         979-11-6836-565-0 04910 (세트)

(주)북랩 성공출판의 파트너

북랩 홈페이지와 패밀리 사이트에서 다양한 출판 솔루션을 만나 보세요!

홈페이지 book.co.kr • **블로그** blog.naver.com/essaybook • **출판문의** book@book.co.kr

작가 연락처 문의 ▸ ask.book.co.kr

작가 연락처는 개인정보이므로 북랩에서 알려드릴 수 없습니다.

20년간 구석구석을 누비며
알게 된 중국의 멋

중국
유랑

상

채한종 지음

북랩

나는 중국을 좋아했다.

지난날 중국에 관심을 두게 된 계기가 있었다. 그렇다고 동기가 거창한 것은 아니었다. 일생의 어떤 변화가 오는 것은 꼭 커다란 동기가 있어서만은 아닌 것 같다. 더우기 변화에 어떤 계기가 있었다는 것도 지난 후에야 알 수 있는 일들이 대부분이다.

그러니까 정확히 1990년 여름이다. 하계 휴가를 맞으면 휴가 기간에 가정에서 특별히 할 일이 없었다. 어린 자녀들은 공부한다고 학원에 다녔고, 아내는 피아노학원을 하느라 휴가철에 더욱 바빴다.

어느 날 우연히 TV 교육 방송 채널을 보게 되었다. 마침 중국어 회화가 나왔다. 그것도 아주 초보 언어인 인사말과 발음부터 가르치고 있었다. 무료함을 없애기 위해서 배우고 싶다는 생각이 들었다. 이것이 내가 중국을 좋아하고 수없이 여행한 계기가 된 것이다.

기회만 있으면 중국을 여행했다. 아니 기회라기보다 작심하고 다녔는지도 모른다. 중국은 넓은 영토의 나라이기에 처음부터 여행지역을 크게 정하지 않았다. 한 번 갈 적마다 한 개의 성(省)을 중심으로 여행 계획을 정하곤 했다. 지금까지 서른 번의 여행을 했지만 가보지 못해 아쉬운 지역도 너무 많다.

아무런 생각 없이 보게 된 TV 채널이 삶의 일부를 바꾸어 놓았다고 해도 과언이 아니다. 이렇듯 어떤 계기는 아주 우연히 찾아오는 것이 아닐까 하는 생각을 해 본다. 그러고 보니 이때가 한중 수교를 앞둔 시기였다.

96년 처음 중국을 여행했다.

특별한 여행가도 아니고 교사로서 휴가를 맞을 때마다 중국을 다녀왔을 뿐이다. 그러면서 중국에 대한 역사나 문화, 사람들과의 관계 등 하나하나 알아가는 과정이 재미있었다.

중국인은 '관계를 중시한다.'는 말이 있다. 중국의 '꽌시(關系)문화'는 여행하면서 만난 중국인 대부분에게서 느낄 수 있었다. 중국에서 어떤 문제나 일이 발생하면 그들은 옳고 그름을 떠나 자기와 관계하고 있는 사람의 편에 서려고 한다.

여행하면서 수많은 중국인과 함께 걸었다. 물건의 값을 흥정하거나 또 식사, 교통 등에서 일어나는 금전적 문제가 생겼거나 어떤 어려운 상황이 발생하면 그들 대부분은 내 편에서 나를 도와주었다. 내가 외국인이라서 그랬을까?

또 중국인은 의심이 많다고 들었다. 그럴지도 모른다. 이 말을 바꾸어 말하면 한 번 믿은 사람은 또한 절대로 의심하지 않는다는 말이 될 수도 있다. 좋게 말해서 관계에 신중함이 엿보이는 대목이기도 하다.

끝으로 중국 어디를 가든 중국인의 '만만디(慢慢地) 문화'라는 것을 늘 보고 느끼곤 했다. 터미널에서 차를 기다리거나 어떤 일을 처리하는 데 있어 조급해하거나 서두르는 것을 크게 느끼지 못했다. 홍콩을 영국으로부터 백 년 뒤에 돌려받는 조약을 두고 그들은 백 년을 기다렸다. 이들은 하루아침에 무엇을 해결하려 하지 않는다.

실제로 우리 일상은 시간이 갈수록 변한다. 그러면서 지금 해결해야 할 일이 이전의 결과와는 다르게 해결해야 할 때가 자주 생겨나기도 한다. 그러다 보니 서두르다 일을 그르치는 경우가 다반사이다. 중국의 상징적 동물이 '판다'인 것을 보면 중국인 스스로 '만만디' 문화 속에서 즐겨 생활하고 있다고 봐도 좋을 것이다. 또 '만만디'라는 의미에서는 신중함과 끈기를 엿보게 되기도 한다.

'우공이산(愚公移山)'이란 고사성어가 있다. '우공이 산을 옮기다.'라는 말이다. 이 고사에서 우리는 기다림, 느긋함, 인내심 등등의 가치를 배울 수 있다. 느리면서도 갖추어가는 거대한 중국을 여행하는 재미는 나의 노년의 전부를 덧칠하고 있는지도 모른다.

이제 이 글을 꼭 써야만 했던 이유를 내 자신에게 이렇게 답하고 싶었다. 나만의 이야기가 알려지는 것도 두렵지만, 영원히 묻히는 것 또한 두렵기 때문이다. 해가 저물면 걸음이 빨라지듯이 나이가 들수록 마음이 조급해지는 것 같다.

아무튼 중국은 나에게 오랜 여행 기간 동안 수많은 추억을 남겨주었다. 무사히 나의 여행을 도와준 고마운 중국분들에게도 진심으로 감사한 마음을 잊지 않는다.

이 글은 중국의 역사나 학문적 지식에 관한 내용은 될 수 있으면 줄이려고 노력했다. 과거의 문명과 문화에 대한 지식은 고정되어 있으나, 여행하는 과정 속에 일어난 생활은 다양하기 때문이다. 여행하면서 실제로 그곳에서 일어났던 일들이나 느낀 것들을 이야기함으로써, 중국을 여행하고자 하는 사람들에게 조금이라도 도움이 되도록 노력했다.

　중국의 인명이나 지명에 대한 표기를 어떻게 해야 독자들이 이해하기 쉬울까도 고심했다.

　인명은 원칙적으로 중국어 표기법에 따라 표기하되 우리에게 익숙한 인물은 한자어도 병기했다. 지명은 주제에 따라 처음 부분만 지명과 한자를 함께 적어 놓았다. 지명을 기술할 때는 중국 현지에서 말하는 대로 표기했다. 우리가 읽는 한자어로 적어 놓으면 실제로 중국을 여행하면서 지명을 이야기할 때 전혀 도움이 되지 않을 것 같다. 하지만 우리나라 사람들에게 익숙하게 쓰인 지역명은 우리가 읽는 한자명을 같이 기재하기도 했다. 그리고 독자들이 한자가 필요하다고 느낄만한 부분에서는 한자를 삽입했다.

　중국의 대문호 루쉰(노신, 魯迅)은 '한자가 망하지 않으면 반드시 중국이 망한다.'고까지 하면서 번체자의 번거로움을 강조했다. 그래서 현지 여행에 도움이 되도록 가능한 한 간체자로 기록했다.

　아무쪼록 이 글이 중국에 관심을 가진 분들에게 조금이라도 도움이 되기를 기원하는 바이다.

차례

중국 동서남북에 서다

중국을 여행한 지도 십여 년이 흘렀다. 아니 중국을 여행한다고 처음 발을 디딘 해는 벌써 20년이 지났다. 그런데도 아직 가보지 못한 곳이 많이 남아있다.

2015년 여름 네이멍구를 돌아 헤이룽장성(黑龙江省) 최북단 모허(漠河)의 베이지촌(北极村)을 둘러보기로 했다. 후허하오터(呼和浩特)에서 헤이룽장성 치치하얼(齐齐哈尔)까지의 긴 열차 여행을 하면서 또다시 중국의 넓은 땅을 마음속으로 부러워했다. 치치하얼에서 네이멍구 껀허(根河)를 거쳐 짙은 어둠 속에 모허에 도착했다. 무려 사흘이 걸렸다.

다음 날 아침 베이지촌을 가기 위해 자작나무 숲속으로 난 길을 달렸다. 나뭇잎 사이로 비쳐오는 밝은 햇살이 따스하다. 숲속의 순록들이 풀숲을 헤치며 한가로이 노닐고 있다. 순록과 잠시나마 함께했던 아쉬운 시간을 뒤로하고 숲길을 벗어나 이름으로만 들었던 헤이룽장(黑龙江)을 만났다. 커다란 돌 비석 앞에서 사람들이 기념사진을 찍고 있다. 가까이 다가가 보니 비석에 '드디어 당신

헤이룽장성 푸위엔

이 북을 찾았다.'라는 내용이 붉은 글씨로 쓰여 있다. 중국의 최북단을 여행하고 있다는 사실에 스스로 감동하고 마음도 날아갈 듯 뿌듯했다.

야트막한 산에도 올라 룽장 제일만(龙江第一湾)이라는 곳을 내려다보았다. 중러 국경을 따라 거대한 흑룡이 크게 한 번 용틀임을 하면서 동으로 동으로 흘러가고 있다. 이곳을 여행하는 중국인을 만났다. 여행자는 중국의 최고 동쪽인 푸위엔(抚远)이라는 곳도 헤이룽장성에 있다고 한다. 마음에 새겨두면서 베이홍(北红)이라는 마을을 찾아 숙소를 잡았다.

중국의 최북단에서 헤이룽장을 바라보며 하루를 보내는 시간도 의미 있게 다가왔다. 지도상에는 대초전자(大草甸子, 초원습지)라고 표시된 평온하고 한적한 작은 마을이다. 강변을 산책하며 여유로운 시간 속에서 여행의 즐거움을 느껴본다.

다음 날 아침 베이지촌으로 향했다. 도착한 베이지촌은 나무 또는 바위마다 '북(北)'이라는 글자가 쓰여 있다. 가장 북쪽에 위치한다는 현판을 걸어 둔 집도 보인다. 게다가 가장 북쪽에 있다는 초소도 그 의미를 숨기지 않았다. 광장의 커다란 바위에도 '북(北)'을 알리는 붉은 글씨가 크게 쓰여 있다. 모든 것이 '북(北)'으로 덧칠해진 베이지촌이다. 중국의 가장 북쪽에 와있다는 것을 실감한다.

베이지촌을 둘러보고 헤이룽장을 따라 남쪽으로 남쪽으로 흘러갔다. 결국 욕심을 부려 여행 일정과 노선을 변경하면서까지 푸위엔으로 향하고 있었다. 푸위엔에 도착하기 이틀 전 헤이룽장이 흐르는 쟈인(嘉荫)이란 곳을 들렀었다. 그곳에서 공룡박물관과 마오란꼬우(茅兰沟)라는 삼림협곡을 둘러보았다. 오후에는 어느 조용한 촌락을 찾아 촌장님의 훈훈한 인심에 젖어 지낸 추억도 있다. 그들이 준 고량주에 취하면서 정에 넘친 하룻밤을 보낸 것이다. 푸위엔에 가면 또 그런 정취와 따뜻한 정의 시간이 기다릴 것만 같았다.

쟈인에서 쟈무쓰(佳木斯)를 오간 5시간도 길었지만, 쟈무쓰에서 푸위엔으로 가는 시간도 꽤 길었다. 가는 동안에 가끔 먹구름이 찾아와 대지에 비를 뿌리고 지나갔다. 아침 일찍 서둘렀어도 정오를 넘어서야 중국의 동극(東極)이라 불리는 푸위엔(抚远)에 도착했다. 이 순간 중국 동서남북의 끝을 모두 다녀 보았다는 사실에 마음속으로 감격했다.

휴대전화 속에 저장해둔 중국 여행의 사진들을 보았다. 15년 전 하이난(海南島) 싼야(三亞)에 갔을 때의 모습을 보고는 세월이 이렇게 빨리 흘렀는가를 실감하기도 했다. 마음은 아직 청춘이건만 이제 머리는 하얗게 변해 있는 내가 있다. 광시좡족(广西壮族)자치구를 여행하면서 배를 타고 하이난을 여행한 것이 엊그제 같았다.

그때의 기억을 더듬어 보았다. 최남단의 아름다운 도시인 싼야(三亞)에서 야자수 길을 따라 걸었고, 파도가 출렁이고 따가운 햇살이 내리쬐는 해변의 백사장을 산책했다. 저 멀리 남중국해의 푸른 물결이 해변으로 다가와 하얀 물거품으로 부서졌다. 해변에 있는 커다란 바위에 새겨진 '南天一柱'란 글귀가 남쪽의 끝을 가리키고 있다. 최남단 하이난 싼야에서의 추억이다.

그해 여름 신장웨이우얼자치구(新疆維吾尔自治区)에 가서는 최고 서쪽인 카스(喀什)라는 곳을 여행하기도 했다. 웨이우얼족이 북적대는 시장을 거닐면서 10위안을 주고 이슬람 모자를 사서 쓰고 다녔다. 상점에서 칼을 구경히는 나에게 칼을 몸에 들이대며 사라고 권하는 그들의 행동에 두려움도 느꼈던 것도 생각난다. 향비묘(香妃墓)와 이드카 모스크(艾提尕尔清真寺)라는 이슬람 사원을 들르기도 했다. 모든 것이 어제의 시간처럼 느껴졌다.

'동(東)'이란 글귀의 형상을 한 조각상이 있는 광장을 걸었다. 헤이룽장 건너편 러시아의 가옥들이 눈에 들어왔다. 사람의 그림자도 보이지 않는 평온하고 한가한 풍경이다. 러시아 사람들이 아무르강이라고 부르는 헤이룽장은 푸위엔에서부터는 러시아 땅으로 흘러 들어간다. 이 길고 긴 헤이룽장을 사이에 두고 중국과 러시아는 평화로워 보이건만 같은 민족인 우리 남한과 북한은 38선을 두고 뭐 그리 불만이 많은지 답답하기만 하다. 특히 올해는 북한과의 정세가 더욱 긴장의 끈을 놓지 않는 상태인가 보다. 일본의 침략에 번번이 당하고도 아직도 분열된 민족으로 남아있는 우리나라가 처량하게 느껴진다.

'옳다 그르다.'라고 하는 것은 확실하게 단정 지어지는 용어다. 이것은 내가 정한 것이 아니라 타인이, 그리고 사회를 지배하는 어떤 규범이 정한 것이다. 우리가 애매모호하게 느끼는 느낌은 경계가 분명하지 않다. 하지만 어느 순간 느낌이 강하게 각인되면 '옳다 그르다.'란 사회적 규범보다 더욱 내 생각을 지배한다. 아마

헤이룽장성 베이지촌

국가 이념이 이와 같지 않을까 하는 생각이 든다.

아무튼 나는 2015년 8월 13일 중국의 최고 동쪽에 있었다. 그리고 중국의 동서남북 끝을 보고 광활한 중국과 그 역사를 실감했다. 광복절을 이틀 앞두고 잠시 푸념 섞인 생각을 해 보았다.

시원한 강바람이 정자에 앉아있는 내 곁을 스쳐 갔다. 지금 나는 푸위엔에서 15년 전의 시간을 더듬어 보고 있다. 지도에서 우리나라가 포효하는 호랑이의 형상이라면 중국은 닭의 모양을 하고 있다. 이제 닭의 부리에 해당하는 동쪽의 푸위엔, 닭의 꼬리에 해당하는 서쪽의 카스, 닭의 알에 해당하는 남쪽의 싼야, 그리고 닭의 볏에 해당하는 북쪽의 베이지촌 모두를 여행했다. 중국의 동서남북을 반드시 가보겠다고 작심하고 다닌 여행은 아니었지만 그래도 어쩌다 중국의 동서남북을 다 다녔다는 의미에 자화자찬하고 싶다.

혁명 유적지를 가다

1934년 마오쩌둥(모택동, 毛澤东)은 피폐한 중국의 정치, 경제에 대한 불만 세력을 모아 혁명군이란 이름으로 국민당을 향해 총을 겨누었다. 본래 자본주의니 사회주의니 하는 허울 좋은 국가체제도 장기 집권 하에서는 부패와 부정이 싹을 틔우는 것은 당연한 진리다.

중국의 고서(古書)《주역(周易)》의 의미가 '두루 변한다'는 뜻이라고 한다. '궁하면 변하고 변하면 통한다. 통하면 오래가고 오래가면 다시 궁해진다.'라는 간단한 이치를 아직도 깨닫지 못하고 있는 것이다. 우리 사회조직 속에서 아니 한 국가를 다스리는 통치자의 욕심에서 나오는 권력욕은 오죽했을까. 마오쩌둥은 어린 시절 가난한 농민의 가정에서 태어나 어려운 시절을 보냈다. 그는 사회에 대한 불만을 모름지기 가슴 속에 크게 담아두고 있었을 것이다. 농민에 대한 지주의 착취가 심하고 그에 따른 노동자의 삶이 더욱 힘든 것을 알았다. 다수 농민과 지주와의 종속적 주종 관계의 고리를 끊어주고 싶었을 것이다. 어찌 됐건 이를 해결할 한

명의 지도자가 이 시기에 탄생한 것이다.

주로 힘겹게 살아가는 농촌지역인 중국의 서남부 청년들을 혁명군에 가담시켜 국민당에 대항했다. 집요하게 추격해오는 국민당에게 때로는 많은 병사를 잃기도 했다. 그의 고향인 후난성 창샤(长沙)에서 시작하여 광둥성, 구이저우성, 윈난성, 쓰촨성과 위로는 닝샤(宁夏)후이족자치구 그리고 산시성의 옌안(延安)까지 가면서 수많은 전투를 거듭했다. 이것이 바로 대장정(大长征)이다.

혁명군도 국민당 군대도 추격과 도주의 긴 시간 동안 지칠 대로 지친 상태다. 결국 마오쩌둥이 승리함으로써 중국 공산당이 탄생했다. 마오쩌둥은 어린 시절 어렵게 공부하면서 신해혁명이 일어난 시기에 혁명군에 들어가 활동했다. 특히 제대 후 봉건사상을 비판하는 '양창지'라는 스승의 영향을 받았다. 마르크스주의를 신봉하고 공산주의 조직을 창설하는 데 기여한 인물이다. 대장정 이후 마오쩌둥은 유물론 사상을 중국에 전파하고 중화인민공화국을 탄생시켰다. 윈난성 서쪽에 있는 텅충(腾冲)에서 태어난 철학자

허베이성 시바이포기념관

'아이스치(艾思奇)'가 마오쩌둥의 마르크스 사상에 크게 영향을 미쳤다.

　그의 혁명은 처절했다. 쓰촨성 루딩(盧定)의 로정교(盧定橋)에서의 혁혁한 홍군 전사의 승리가 빛났고, 습지(濕地)인 쑹판(송번, 松潘)에서 한겨울의 추위와 고난을 이겨낸 수고가 있었기에 산시성(陝西省) 옌안(延安)에서 그의 혁명적 야망에 희망을 안겨줄 수 있었다. 쓰촨성 쑹판과 루딩의 로정교를 다녀오고부터 괜스레 마오쩌둥의 혁명 자취에 관심이 생겼다. 그 후로 여행의 계획을 잡을 때는 반드시 그의 자취를 여행 일정에 포함해 두었다.

　산시성 옌안을 시작으로 윈난 텅충의 화순(和順)에 있는 철학자 '아이스치'의 기념관을 가보기도 했다. 허베이성 스자좡(石家庄)의 시바이포(서백파, 西柏坡)기념관, 후난성 샤오산(韶山)의 마오쩌둥 생가, 광시좡족자치구의 바이써(百色)에 있는 혁명기념관, 닝샤후이족자치구 룽더(隆德)란 곳의 류판산(六盤山) 혁명기념관, 끝으로 구이저우성의 쭌이(遵义)에 있는 쭌이회의(遵义会议)를 둘러보았다.

　어느 해 산시성 옌안을 보러 갔다. 이곳은 지리적으로 공산당 혁명 성지의 본거지다운 면이 있다. 계곡을 따라 형성된 도시인 옌안으로 들어가기까지는 몇 개의 협곡과 다리와 긴 터널을 지나간다.

　아침에 비가 부슬부슬 내리고 있다. 우산을 들고 길을 나서 제일 먼저 찾아간 곳이 바오타산(보탑산, 宝塔山)이다. 산 위의 보탑은 옌안시 어느 곳에서도 볼 수 있다. 바오타산은 자링산(嘉崚山)이라고도 불리는데, 산 위의 보탑은 당나라 때 만들어져서 어느덧 1천여 년의 역사를 지니고 있다. 높이 44m의 9층 석탑인 보탑은 옌안시의 상징물로 되어 있다. 바오타산은 마오쩌둥이 혁명 당시 자주 이곳에 올라 보탑을 바라보며 자신의 웅대한 꿈을 키웠던 곳이다.

산 전체가 바오타산 공원으로 수목들은 중국 전역에서 보내온 헌금으로 사들인 것이라고 한다.

보탑에 오르니 벌써 여행자들이 혁명가의 복장을 하고 혁명 전사다운 사진을 남기느라 여념이 없다. 오늘을 사는 어린아이나 학생들도 젊은 홍군 혁명가의 복장을 갖추고 총을 메고는 혁명가의 사진 옆에서 그 옛날의 환영을 그려내고 있다.

'양자링(楊家岭)'이라 불리는 곳은 1938년에서~1947년까지 9년간 중국 공산당 지도자들이 혁명 정부를 지휘하던 곳이다. 우리나라가 광복을 맞을 때 제7차 중국 공산당 전국 대표대회를 가졌던 곳으로도 유명하다. 옌안 대학을 지나 또 다른 혁명 유적지인 '짜오위안(조원, 棗园)'이라는 곳을 들렀지만 양자링과 특별히 다를 바 없어 보였다.

북쪽으로 여행은 계속되었다. 위린(楡林)을 둘러보고 황토 고원의 미즈현(米脂县)을 향하여 출발했다. 농민 봉기자 '이자성'의 고향이고 옌안시만큼이나 혁명 유적지로 이름난 곳이다. 미즈현에 도착할 즈음 도로변 표지판에는 '이자성행궁(李自成行宫)'이란 글씨가 자주 나타난다. 쑤이더(綏德)으로 가는 차는 나를 미즈현에 내려놓고 떠났다.

이번 여행에서 가장 오고 싶었던 곳이 이곳이고, 이자성의 역사적 자취와 황토 고원을 볼 것이라고 다짐했다.

명나라 말기에 정치의 타락과 권력의 부패 그리고 군사비 등의 증가에 따른 가혹한 수탈로 백성들의 시달림은 갈수록 커졌다. 1628년 설상가상으로 산시 지방에 대기근이 일어나자 굶주린 농민들은 폭동을 일으켰다. 명나라에 반기를 든 농민반란으로 발전한 것이다. 당시 명나라는 재정난을 타개하기 위해 전국에 있던

산시성 미즈현 이자성행궁

역참(驛站)을 폐지하였다. 갑자기 생계를 잃은 역졸(驛卒)들과 군량미를 지급받지 못한 군인들도 반란에 가담하게 되어 규모는 급속히 확대되었다. 초기 반란 시 그 무리는 3~4만에 이르렀는데, 이들은 산시성, 허난성 방면으로 진출하였다.

이자성은 산시성 옌안에서 농민의 아들로 태어났다. 그는 가세가 기울어 역졸과 군인으로 전전하다가 굶주린 무리를 이끌고 반란에 가담했다. 세력이 커지면서 두각을 나타내어 대장과 수령의 호칭에서 스스로 왕이라 하였다. 당시 이들의 집단은 군기가 엄하기로 이름이 났고, 균전제(均田制)의 시행과 조세 철폐 등을 반란 명분으로 내걸어 호응을 얻었다. 시안을 점령하여 이를 도읍으로 삼고 국호를 대순(大順)이라 하였다. 이어 명나라의 수도 베이징을 공격하였다.

당시 명나라 주력 군대는 만주에서 일어난 청나라의 침략에 대비하느라 산하이관(산해관, 山海关)에 있었다. 때문에 수도인 베이징은 쉽게 함락되었고 명나라의 숭정제(崇禎帝)가 자살함으로써 명나라는 멸망하였다. 그러나 이자성의 반란 또한 오래가지 못했다. 명나라의 반격에 베이징에서 시안으로 후퇴한 후 결국 이자성은 자살하였다.

이자성은 대단했다. 내가 이곳 산시성을 다니면서 느끼는 것은 생활의 가난이다. 지금도 이들은 중국의 이면에 있는 어두운 삶을 살고 있는 듯하다. 대부분이 황토 벌판에서 농업에 종사하고 있다. 그나마 공장이 있다면 모두가 석탄을 캐고 있는 광산 공장이다.

이러한 생활 속에서 이자성은 많은 불만을 위대한 힘으로 변화시켜 백성의 힘을 얻는 데에 성공했다. 그리고 그는 한때나마 가난의 부끄러움을 벗어나려고 노력했다. 역사는 그를 기념하기 위해서 '이자성행궁'을 미즈현의 자랑으로 가꾸고 있었다. 혁명의 씨앗은 늘 가난이 존재하는 곳에서 시작되는가 보다.

근래에 닝샤후이족자치구의 룽더(隆德)에 있는 류판산 혁명기념관을 갔을 때의 일이다. 입구에 들어서니 아직 개방을 하지 않아 30분 정도를 기다렸다. 잠시 후 두 대의 차에서 제복을 입은 직원들이 내려 기념관으로 들어갔다. 나도 슬그머니 그들과 함께 들어

닝샤후이족자치구 류판산 혁명기념관

가 두리번거리고 있었다. 여성 직원이 방금 끓인 차를 나에게 권했다. 차를 마시고 있는 동안 직원들은 책상을 정리하고 있었다.

잠시 후 기념관의 문이 열렸다. 오늘 이 기념관을 찾은 사람은 이 순간 나 혼자다. 기념관 내부를 천천히 다니면서 보고 있는데 청소하는 아주머니가 다가왔다. 벽에 걸린 사진들을 가리키며 혁명의 역사를 설명해 주었다. 내가 간단히 그리고 천천히 말해달라고 하면서 '한국인'이라고 말했다. 놀란 아주머니는 청소를 잊은 채 나를 따라다니면서 열성적으로 설명해주었다. 구경을 다 한 후 떠나려 할 때 아주머니가 직원들에게 나를 한국인이라고 전했다. 직원들도 전혀 예상하지 못했다는 듯이 놀라워했다.

기념관을 떠날 즈음에야 몇몇 손님들이 계단을 올라오고 있었다. 직원들이 나를 향해 밝은 웃음을 지으며 손을 흔들어 주었다. 산길을 내려오는 내내 왠지 발걸음이 가벼웠다.

과연 사회주의와 민주주의의 우월성 비교가 필요할까?

민주주의. 국가의 헌법에 따라 국민이 주인이다. 인간이 살아가는 데 있어 가장 기본적인 인권이 보장받는 사회이다. 다양한 의견 속에서 서로의 이해관계를 대화를 통하여 하나로 이끌어 가는 사회이다. 모든 국민이 평등한 권리를 주장할 수 있는 사회이다.

과연 그럴까? 그러면 무전유죄라는 말은 왜 생겨났으며, 정치적, 국민 정서적 등등을 고려한 재판들이 왜 쏟아져 나올까. 재벌이나 권력자들은 왜 교도소에만 가면 모두 병신이 되었다가 출소하면 활개를 치고 다니는지 모르겠다. 청문회에 들어온 사람의 답변은 '모른다. 기억 안 난다. 못 봤다.'로 일관한다. 그런 머리와 그런 눈으로 어떻게 그 자리에 있는지. 그런 사람이 나라의 큰 축에 있으니 잘될 리가 없다. 이런 것부터 국민으로부터 심판받고 정치를 했으면 좋겠다.

　매일 아침 일어나 뉴스를 보면 뇌물수수, 성폭행 등 불결한 뉴스가 도배한다. 그래도 그들은 우리를 향하여 웃으며 말한다. '등신들아, 너희들도 나처럼 잘살아 봐. 그렇게 못하는 게 등신이지. 능구렁이가 독사에게 먹히는 거 봤어?' 하는 온갖 거드름으로 우리를 비웃고 있다.

　아무리 잘났다고 떠들어봐야 늘 권력의 밑에서 죽어야 하는 진리를 백성들은 모른다. 권력 앞에서 제발 우리 까불지 말자. 권력은 달콤한 꿀독과 같아서 다 빨아먹은 뒤 독(毒)으로 남을 때까지는 까불지 말자.

　그러면 사회주의는 백성들에게 희망을 주는 것일까?

　생산수단을 공유화한다는 이론에서 벌써 삐거덕거리는 소리가 났다. 내가 본 중국에서는 사유 재산이 이미 부의 척도가 되어 빈부의 차이를 보이고 있었다. 인간의 평등과 해방을 기치로 내걸었던 사상도 지배와 피지배와의 관계에서 중국은 민주화운동이라는 곤욕을 치렀다. 근래에 들어서는 중국도 부패한 정치 관료들의 부

구이저우성 쭌이 혁명기념관

정 축재로 인해 곤경을 겪고 있다.

복지국가를 이상향으로 하는 것은 민주주의나 사회주의나 모두 허울 좋게 내걸 수 있는 말이다. 만약에 중국이 민주주의를 기초로 했다면 가능했을까? 지금 이 작은 우리나라도 정치적 이해관계로 논쟁이 그치질 않고 있다. 14억 인구의 의견을 수렴할 수 있는 현명한 방법을 찾기에는 얼마나 많은 고통을 감수해야 할까를 생각해 보았다. 중국은 국가 기강을 흔드는 일이 아니고서는 백성들의 삶에 그리 간섭하지 않는 것 같다. 오히려 국가 기강을 해치는 일에는 강력한 그들만의 법을 적용해 엄하게 다스리고 있다. 이렇게 함으로써 거대한 중국을 지탱하고 있다는 것이 오히려 더 현명한 정치라는 생각도 든다.

권력에 의한 편견이 개입된 판결과 바르지 못한 형량으로 국민의 원성이 울분으로 남을 때가 한두 번이 아닌 우리나라가 참으로 안타깝다. 이래서 부패한 권력을 향한 혁명은 지금도 지구 어딘가에서 시작되고 있는지도 모른다. 주역이 전하는 변화가 필요한 시기가 됐는지도 모른다.

나는 생각한다. 지배자의 올바른 국가관과 실천하는 양심만이 백성의 행복을 보장할 수 있다고…….

삼국(三国)의 현장을 찾아서

'삼십 대에는 《삼국지》를 읽고 사십 대에는 《정관정요(貞觀政要)》를 읽는다.'라는 말이 있다. 그리고 '《삼국지》를 세 번 읽은 사람하고는 아예 상대하지도 말라.'는 말을 어디선가 들은 적이 있다. 아무튼 삼국지라는 글 속에는 인생을 살아가는 처세술이 있고, 교활한 권모술수가 정치와 전쟁을 통해 실감나게 잘 나타나 있다. 젊은이가 반드시 읽어보아야 할 고전이다.

중국 서부지역을 여행하다 보면 접하지 않을 수 없는 역사가 바로 소설 《삼국지》에 나오는 현장들이다. 황하와 장강을 무대로 쇠망한 한(漢)나라의 뒤를 이을 나라를 세우고자 치열하게 다투었던 조조와 유비, 손권이 바로 이 시대의 인물이다.

영웅호걸들이 한바탕 누빈 이 장강에서 사라져간 시대를 되돌려보면 인생무상이라는 글귀만 남는다. 장강이 없었으면 이런 역사도 잉태되지 않았을 테지만, 장강은 여전히 황톳빛을 띠며 오늘도 대륙을 가로질러 유유히 흐른다.

1996년 충칭(중경, 重庆)에서 배를 타고 장강을 유람하면서 처음으로 삼국의 역사를 접한 곳이 소삼협이다. 삼협은 구당협(舊塘峽), 무협(巫峽), 서릉협(西陵峽) 세 곳으로 나뉘어 있다. 이중 가장 험준한 협곡을 이루고 있는 곳이 무협이다. 이곳에서 그리 멀지 않은 곳에 소삼협이 있다. 예전에는 길이 험난하여 지금의 쓰촨성인 촉으로 가는 방법은 거의 이 장강을 이용하여 가야만 했다.

유비가 제갈량의 '천하삼분론'이라는 계책을 가지고 촉도로 가는 여정의 역사가 이 장강이다. 이 시기에 군사 전략상 필요한 잔도(棧道)가 장강에 생겨났다. 물론 그 이전 초한지(楚汉誌)에 나오는 항우와 유방의 쟁패에서도 잔도가 있었다.

잔도는 험한 계곡이나 산으로 다리를 놓고 바위를 뚫어 터널을 만드는 것이다. 주로 강 위의 절벽을 따라 나무 기둥을 박고 그 위로 널빤지를 깔아 길을 만들어 가는 것을 말한다. 처음 본 잔도는 쓰촨성 북쪽에 있는 차오톈(朝天)의 명월협고잔도(明月峽古棧道)이다. 유비의 장수 강유의 전공이 빛나는 검문각의 촉도를 둘러본 후 찾아간 명월협고잔도는 강물 위로 난 절벽에 옛날 방식 그대로 재현해 놓은 아슬아슬한 목조 다리이다. 잠시 배를 타고 바라 본 절벽의 다리는 인간의 기술과 지혜를 넘어 전율로 다가올 정도로 두렵게 느껴졌다. 이후 산시성 한중(汉中) 땅에 잔도의 흔적만이 강가를 따라 길게 난 포사도(褒斜道)를 다녔다. 모두가 중국에서만 볼 수 있는 특이한 군사 도로이다.

초한 시대에 유방을 도와 한나라를 세우는 데 공을 세운 장량이라는 책사가 있었다. 장량이 유방보다 군사력이 강한 항우에게 밀려 한중 땅으로 떠나면서 이곳 포사도를 지났다. 훗날의 승리를 위해 항우의 경계심을 없애고자 이 잔도를 불태웠다는 흥미 있는 이야기도 전해진다.

산시성 한중 포사도

삼국 역사에서도 제갈량은 파촉을 떠나 중원으로 진출하기 위해 이 잔도를 이용했다. 포사도는 한중(汉中)에서 바오지(宝鸡)까지 이어진다. 진령산맥의 험준함도 이제는 어디로 갔을까. 나는 시안에서 고속버스로 세 시간 정도 걸려 한중에 도착했는데……

장강을 따라 가다 보면 강을 이용한 물자 운반의 중심 도시인 징저우(형주, 荆州)에 이른다. 그곳에서 삼국지를 읽은 사람이면 누구나 익히 알고 있는 형주성을 만난다.

징저우는 위, 촉, 오 세 나라의 국경이 접하는 꼭짓점이고, 장강을 따라 파촉으로 가는 관문의 시작점이다. 더 재미있게 말하면 형주성을 차지하는 나라가 다른 나라로 가는 국경에서 비자가 필요 없는 곳이다. 그 정도로 형주성은 중요한 의미가 있는 땅이다.

오나라 책사 주유는 유비가 잠시 빌려 쓰는 이 형주성을 달라고 몇 번을 고집했다. 제갈량도 여러 가지 꾀를 내면서 기일을 지체하는 신경전이 삼국지를 읽는 대목에서 또 하나의 재밋거리다. 주유는 적벽대전(赤壁大戰)에서 제갈량의 도움을 받아 위나라 조조 군사와 싸워 대승을 거두었다. 하지만 언제나 제갈량의 지략에 미치지 못함을 분개하여 '하느님, 세상에 주유를 낳고 왜 제갈량을 또 낳았습니까.'는 비통한 말을 남기고 피를 토하며 죽었다. 이러한 삼국지의 글을 읽고 나도 같이 슬퍼했던 감상적 시간이 있었다.

'적벽대전'은 삼국 역사 최고의 하이라이트로서 영화로도 제작되어 중국에 관심이 있는 사람이면 모두가 보았을 것이다. 후베이성 우한(武汉) 남쪽에 있는 적벽진(赤壁鎭)이란 곳이 있다. 제갈량이 세상에 나오기 전 거처했던 룽중 땅을 보고 난 뒤 바로 이 적벽진으로 와서 적벽대전의 현장을 둘러보았다.

오나라 손권이 위나라 조조의 백만대군과 싸워 조조 군을 물리친 역사의 이야기가 있는 곳이다. 손권은 책사 주유를 앞세워 제갈량의 도움을 받아 도술 같은 동남풍을 이용해 화공법으로 조조를 패전으로 몰아넣었다. 이 적벽대전을 통하여 실제로 이름을 드높이게 된 사람은 손권이나 주유도 아닌 제갈량이다. 이후 패전으로 쫓겨 가는 조조를 잡고자 제갈량이 유비에게로 가서 여러 장수들을 곳곳에 매복시키도록 한다. 유독 관우에게는 군령장을 받고 보냈다. 관우는 조조를 만나 잡을 수 있었음에도, 지난날 조조에게 입은 은혜를 못 잊어 놓아주고 돌아왔다. 제갈량은 군령장의 약속대로 관우를 죽이려 하나 유비와 장비가 만류한다. 이런 상황이 있고 난 뒤 제갈량은 유비의 휘하에서 더욱 자신의 위치를 높이게 되었다. 여기까지는 사실이 아닌 허구지만 재미가 있는 이야기이다.

주변을 둘러보니 그리 강폭도 넓지 않고 산세도 험준함이 전혀 없는 곳에서의 옛이야기다. 그러나 적벽대전은 분명히 이 강을

후베이성 적벽진 주유 동상

중심으로 일어난 이야기이기에 이곳의 가치를 절삭하고 싶지는 않다.

아래 강물로 가면 바위에 '赤壁(적벽)'이라는 붉은색의 두 글자가 있다.

이곳에는 오나라 주유의 동상만이 장강을 뒤로하고 따가운 햇볕 아래 그날의 위용을 뽐내고 있다.

쓰촨성 청두(성도, 成都)에 가면 당연히 들르는 곳이 유비의 묘가 있는 무후사(武候祠)다. 유비, 관우, 장비의 초상(肖像)이 있는 그 뒤에 제갈량상이 학우선(鶴羽扇)이라는 부채를 들고 있다. 게다가 무후사에는 제갈량의 출사표가 벽면에 액자처럼 박혀 있다. 이 출사표는 제갈량이 유비의 아들 유선에게 바치면서 전장에서의 각오와 충절의 글을 써 놓은 것이다. 이 글을 보고 눈물을 흘리지 않은 장수들이 없다 할 정도로 유명하다. 그래서 중국의 《고문진보(古

文眞宝)》에도 이 출사표가 실려 있다.

무후사 맨 뒤의 유비의 묘에는 얽히고설킨 삼국의 역사만큼이나 큰 나무와 잡목들이 무성하게 자라고 있다. 여름이면 유비의 영혼을 달래려는 매미들의 울음소리가 무후사에 그침이 없이 울려 퍼지고 있다.

유비는 천하를 얻기 위해 제갈량을 찾아 추운 겨울이든 어떠한 상황도 마다하지 않고 세 번이나 찾아가 그를 기다렸다. 제갈량은 유비의 간절한 마음에 감동하여 유비의 책사가 되기로 결심하고 세상에 나온다. 이것이 삼고초려(三顧草廬)의 고사가 있는 대목이다.

이와 같은 삼고초려의 이야기가 전해져 오는 후베이성 룽중(隆中)땅을 찾아갔다. 제갈량의 기념관과 삼의전(三乂殿), 그리고 제갈량의 부인을 기리기 위한 지혜현숙(智慧賢淑)이란 묘당을 지나 등용각에 올랐다. 내려오는 길에 보니 작은 못가에 용 한 마리가 조그마한 굴에서 물속에 잠겨 있다. 머리만 내민 채 비상을 준비하고 있는 모양이때를 기다리는 제갈량의 형상이 아닐까 하는 생각을 해 보았다.

또 어느 해였을까?

저장성을 여행하다 란시(兰溪)시에 갔을 때였다. 란시에서 멀지 않은 곳에 제갈량의 후손들이 모여 사는 제갈팔괘촌(諸葛八卦村)을 들렀다. 먼저 제갈량이 촉나라 승상의 자리에 있었음을 기억하게 하는 승상사당(丞相祠堂)과 대공당(大公堂)이라는 고가(古家)가 눈에 들어왔다. 이 마을은 이름에 걸맞게 제갈량이 적과 싸울 때 사용한 진법을 본떠 구성된 마을이다.

벽면에 제갈 씨의 조상 계보가 적혀 있다. 제갈량은 규(珪)라는 아버지 아래 삼 형제 중 둘째다. 형 근(瑾)과 동생 균(均)이 있다.

충칭 펑제현 구당협

제갈량은 나중에 자기 후손들을 위해서 집성촌을 만들었다. 훗날 대대손손 안전을 위하여 고르고 고른 결과의 행복한 터전이었는지도 모른다.

이제 오나라 손권의 고향을 찾아가 볼까 한다. 2010년 겨울, 아버지 노릇 좀 해 보겠다고 아들과 딸을 데리고 보름 이상을 저장성과 장시성을 다녔다.

우리는 여행 말미에 항저우에 도착하여 룽먼구전(용문고진, 龙门古镇)을 찾아갔다. 이곳이 바로 오나라 왕 손권의 고향이다. 삼국시대에 손씨 가문이 대대로 왕위를 이어받아 오면서 형성된 천 년의 땅이다. 시대에 걸맞게 아주 정갈하게 가꾸어져 있었다. 자녀들을 데리고 옛 정취가 흐르는 고가의 길을 걸으며 삼국지 이야기를 들려주었다. 주변으로 강이 흐르고 높은 산이 병풍처럼 둘러싸여 있다. 이런 곳에서 오래 묵어갈 수 있었으면 하고 부러워하면서 두세 시간 정도 마을을 기웃거렸다. 아들 녀석은 삼국의 이야기에 흥미를 갖고 좋아했지만, 딸은 춥다는 투정만 부리며 빨리 돌아가 숙소에서 쉬고 싶다고 한다.

산시성 서남쪽에 있는 몐현(勉县)에 갔을 때 위나라와 촉나라의 전투 현장을 둘러볼 기회가 있었다. 바로 제갈량의 전투가 잘 투영되어 있는 딩쥔산(定军山)이 있고, 뜻을 못 이루고 세상을 떠난 제갈량의 묘가 있는 곳이다. 그곳까지 태워준 택시기사가 알려준 대로 산길을 따라 걸었다. 정상에 올라 '定军山'이라고 쓰인 석패(石牌)를 보고서야 산천을 감상할 여유를 찾았다.

딩쥔산에서 아래를 보며 생각했다. 세상의 어떠한 것도 한 번에 해결할 수 있는 것은 없다. 여기에 걸맞을지는 모르나 전쟁에서 교두보를 확보한다는 말이 있고, 또 교두보가 얼마나 중요한 위치를 차지하는가를 이 딩쥔산은 소리 없이 전해준다.

나이가 들어 늙어지면 마음이 급해지고, 작은 일에도 여유로운 판단을 하지 못하는 경우가 많다. 유비는 도원결의로 맺어진 관우를 잃고 바로 장비마저 잃었다. 이후 냉철한 판단을 잃은 탓인지 조급한 마음에 형주성을 빼앗아 간 오나라를 공략하다 이릉전투에서 패전했다. 그 후 펑제(奉节)에 있는 백제성(白帝城)에서 화병을 얻어 제갈량에게 아들을 맡기고 세상을 떠났다.

세월의 흐름과 한나라의 건국이라는 막중한 대업에 시달린 제갈량도 마음이 조급해지긴 마찬가지였을 것이다. 늙으면 못다 이룬 자신의 일에 집착하게 되고, 집착이 유연한 사고를 방해하고 있는지도 모른다. 여하튼 제갈량은 군사를 이끌고 중원으로 나아가기 위해 딩쥔산 전투를 벌였다. 작은 승리였는지는 모르나 한중으로 나아가 오장원까지 진격하는 발판으로 삼고 위나라의 조조군사와 한판 진검승부를 하게 된다.

하지만 언제나 승전의 기회가 오는 것만은 아니다. 결국 전투에 밀려 다시 후퇴하는 상황에 놓이고, 제갈량은 과로로 병을 얻어 한 많은 생을 마감하게 된다. 그리고 북방을 바라보는 딩쥔산 기슭에 묻혔다. 사실 수성(守成)에 힘쓴다면 쓰촨은 충분히 지켜낼 수 있는 물산이 풍부한 요새의 땅이었다. 그러한 상황인데도 불구하고 유비가 남긴 유언에 끝까지 충절을 다한 그 마음을 높이 평가해야 할 것이다.

2014년, 여름이면 기온이 40도를 넘나드는 날이 계속되어 중국의 '삼대 화로'라고 불리는 충칭으로 향했다. 우리나라는 세월호 침몰로 꽃을 피우지도 못한 300여 명이 넘는 어린 학생들이 안타깝게도 죽었다. 나라는 온통 세월호와 함께 가라앉았고, 정치권은 여당과 야당이 서로 책임 공방을 놓고 혼돈의 시간 속으로 빠져들었다. 배의 조타수가 방향을 잃어 침몰한 것과 정치인들이 방향을 잃어 나라가 갈 곳을 잡지 못하고 있는 것이 조금도 다르지 않았다.

충칭에 도착하여 펑두(丰都)를 거쳐 장비묘(张飞庙)가 있는 윈양(云阳)으로 가는 데 사흘이 걸렸다. 장비는 삼국 전쟁사에서 가장 용맹한 유비의 장수이다. 장판교에서 혼자 조조의 백만대군을 물리친 일화의 주인공이기도 하다. 소설 삼국지에서 가장 치열한 3대 전투로 장판교 전투와 적벽대전 그리고 오장원 벌판의 전투를 이야기한다고 할 정도다. 그러나 이런 장비가 의형제인 관우의 죽음에 분을 삭이지 못하고 술을 마시며 부하들에게 화풀이하였다. 이에 분개한 장달과 범강이라는 두 명의 부하에게 침상에서 목이 잘려 허무하게 죽고 만다. 이렇게 죽어간 그의 넋이 여기 윈양에 있다.

찾아간 장비묘에 걸맞은 어구인지는 모르겠으나 강상풍청(江上

충칭 윈양현 장비묘

風淸)이란 현판이 강 건너편에서도 보일 정도로 크게 써 있다.

무슨 뜻일까? '강 위의 맑은 바람.' 무언가 좋은 말인 것 같아 직원에게 물었다. 장비를 죽인 부하가 장비의 머리를 들고 오나라로 가다가 전투상황이 바뀌어 가던 길을 포기하고 머리를 강물에 버렸다. 어부가 장비의 머리를 주워 지금의 윈양현 이곳에 묻어 주었다. 장비의 영혼이 보답으로 윈양현 강물이 지나는 삼십 리 물길에는 늘 순풍이 불게 했다는 것이다.

허구 같은 전설이겠지만 죽어서도 이렇게 감사의 표시를 했다는 것은 후세의 사람들에게 좋은 귀감이 되고 있다. 숙소로 돌아와 윈양현의 강물을 바라보니 노을이 강물에 조용히 내려앉고 있었다.

이제 삼국 전쟁 역사의 현장은 유비가 죽은 백제성을 끝으로 정리를 마감했다. 윈양을 떠나 펑제(奉節)에 도착하자마자 곧바로 백제성으로 향했다. 백제성은 강물이 한번 굽이치는 구당협이 보이는 모퉁이에 있다. 장강의 싼샤댐이 건설되기 전에는 산수의 오묘한 아름다움이 더욱 선명했다. 백제성의 정수인 탁고당(托孤堂) 앞에서 땀을 닦으며 잠시 지나간 역사를 돌아 보았다. 이 탁고당은 유비가 어리고 아둔한 아들 유선을 제갈량에게 의탁한 곳이다.

우한(武汉)에서 충칭까지 수많은 유람선과 화물선이 오고 갔다. 구당협이 보이는 백제성 모퉁이에 앉아 가끔 오고 가는 배들을 응시했다. 화물선에 보이는 선원을 향해 손을 흔들어주면 그들도 손을 흔들어 답해 주었다. 삼국 전쟁사에 등장한 수많은 병사가 죽어간 역사의 현장에 내가 서 있다는 감회에 젖어서.

지금 나는 그 당시 일어난 역사의 수레바퀴 속에 있다. 삼국의 역사를 이해하지 못하고 중국의 쓰촨성, 산시성, 후베이성을 여행한다면 아마 여행의 절반 이상이 무의미할 것이다. 귀국을 하고 내가 남긴 발자국과 그림자들 더듬고 싶어 다시 《삼국지》 책에 손을 대고 싶었다. 늙어서 읽으면 교활해진다고 하는데도…….

대한민국 임시 정부

우리나라는 과거로부터 각 분야에 걸쳐 중국과 밀접한 관계를 유지하여 왔다. 지정학상 불가분의 관계에 있을 수밖에 없다. 예로부터 당나라, 명나라 시대에도 문화의 교류가 활발하였다. 그들은 때로 우리에게 조공을 요구하며 부속 국가의 형식을 강요하기도 했다. 하지만 나라의 존재를 뺏으려 하지는 않았다. 일본처럼 국가를 멸망시키고 민족을 말살시키고자 하는 의도는 없었다는 것이다.

중국을 다니면서 한국 사람이라고 말했을 때 냉랭하게 대했던 사람을 거의 보지 못했다. 오히려 일본의 침략을 받은 공통의 슬픈 역사가 있는 국가라는 점에서 더욱 친해지기도 했다. 지금까지 내가 일본 여행하지 않은 이유이기도 하다.

일본의 침략을 받았을 때 우리는 중국으로 건너가 국가의 임시 정부를 두었다. 그럴 때 독립을 위해서 헌신한 수많은 애국지사가 있다. 대표적으로 하얼빈에서 안중근 의사의 활약이 있었고, 상하이에서 윤봉길 의사의 투쟁이 있다.

상하이에는 지금도 가장 존경받는 애국자인 백범 김구 선생이 이끌었던 대한민국 임시 정부의 발자취가 있다. 안중근 의사의 일본 총리 저격 사건이 20여 년 흘렀을 때 이곳 상하이에도 한 의사(义士)가 있었다. 김구 선생과 함께 활동한 청년 윤봉길이다. 그는 1932년 일본의 전승 축하 기념식 단상에 폭탄 세례로 일본 사령부 수뇌부들을 몰살시켰다. 윤봉길 의사는 일본으로 끌려가 재판받은 후 사형당했다. 그는 24세의 젊음을 조국에 바쳤다. 바람이 불어야 억새풀이 보이고, 겨울이 와야 소나무가 푸르다는 것을 알 수 있다고 한다. 혹독한 시련이 있을 때 우리는 진정 애국자의 모습을 볼 수 있는 것이다.

　　국민당을 이끄는 장제스(장개석)는 이때부터 우리나라의 임시 정부를 인정하였다고 한다. 오히려 장제스는 '중국으로부터 일본을 물리친 것은 윤봉길이 있었기에 가능했다.'라고 말했다고 한다.

　　2014년 충칭(重庆)을 여행했다. 충칭에도 대한민국 임시 정부가 있다. 귀국을 며칠 앞둔 8월 15일 10시에는 반드시 임시 정부를 꼭 가보겠다고 다짐한 여행이었다. 상하이에 갔을 때도 이런 마음으로 임시 정부를 들러 본 적이 있었다. 구이저우성 츠수이(적수, 赤水)를 구경하고 충칭으로 돌아와 교통의 중심지인 차이위엔바(菜园坝)에 여장을 풀었다.

　　8월 15일, 차이위엔바에서 택시 기사에게 대한민국 임시 정부를 가자고 말하니 알지 못했다. 지도를 보여주고 주소를 알려주어도 가다가 멈추기를 여러 번 했다. 도착하여 찾아 들어가는데 너무 조용했다. 한 그루의 나무로 가려져 있는 위에 '대한민국 임시 정부'라는 글씨가 보였다. 가슴이 뭉클하면서 순간적으로 코끝이 찡하게 느껴졌다. 정문을 들어가니 한 청년이 먼저 와 주변을 걷고 있었다. 나에게 한국인이냐고 물었다. 그는 윈난에서 온 대학생이라고 했다. 원난 어디서 왔느냐고 물었더니 취징(曲靖)에서 왔다고 했다. 지난겨울 내가 그곳을 다녔다고 휴대전화에 넣어 둔 사진을 보여 주었다. 그는 아주 놀라워하면서 같이 관람했다. 여기를 어떻게 알고 왔느냐고 물으니 충칭을 여행하다 알았다고 했다. 오늘이 우리나라가 일제 식민 지배로부터 해방된 광복절이라고 말해 주었다. 학생은 더욱더 자기가 온 날의 특별함에 기뻐했다.

학생과 헤어진 후 이곳을 관리하는 할머니가 건네준 차 한 잔을 마셨다. 이상하다. 오늘이 광복절인데 어째서 우리나라 사람이 한 사람도 없을까 하는 생각이 들었다. 적어도 이곳 충칭의 한인들만이라도 이날을 기념하는 간단한 의식이 있어야 하지 않을까 하는 생각을 했다.

할머니의 안내에 따라 주변을 돌아 보고 임시 정부의 이동 경로를 설명해주는 동영상도 관심 있게 보았다. 독립운동가의 구국에 대한 헌신의 글들도 벽에 걸려 있다. 모든 정치인이 이런 마음이기를 바란다.

충칭 대한민국 임시 정부

잠시 후 한 명의 여자와 두 명의 남자가 들어왔다. 난징(南京)에서 유학하는 학생들이라고 한다. 이들도 오늘 무슨 행사가 있을 거라는 생각을 하면서 왔다고 한다. 이들과 함께 곳곳을 둘러보고 가까이 있는 충칭대학을 산책했다. 오늘 같은 날은 충칭의 한인들이 우리 같은 여행자를 위하여 이곳에서 점심이라도 대접하는 행사가 있었으면 좋았을 텐데…….

2014년 충칭(重庆)의 임시 정부를 다녀온 뒤 2015년 여름 동북 3성을 여행했다. 중,러 국경인 헤이룽장을 따라 달렸고 두만강과 압록강을 따라 중국과 북한의 변방을 둘러보았다. 그러다 랴오닝성 다렌(大连) 아래에 있는 뤼순(旅顺)을 찾았다. 꼭 가보고 싶었던 곳이다. 이곳은 안중근 의사가 하얼빈에서 이토 히로부미를 저격 후 투옥된 교도소가 있는 곳이다.

아침 9시에 문을 개방하자마자 제일 먼저 들어갔다. 중국 군인들도 단체로 나라사랑의 힘을 배우러 이곳에 왔다. 교도소에는 안중근 의사를 기리는 족적들이 많이 진열되어 있다. 어찌 보면

랴오닝성 뤼순교도소

안중근 의사 기념관으로 바꾸어 놓았다고 해도 과언이 아닐 정도다. 교도소를 둘러보면서 훌륭한 우리 조선인의 기백을 충분히 피부로 느꼈다. 중국 만주 벌판에서 조국을 위해 싸운 독립운동가들의 깊은 충정에 감사와 애도의 마음으로 고개를 숙였다.

안중근 의사(义士)는 북만주 하얼빈에서 독립활동을 하였다. 그는 1909년 하얼빈 역에서 우리나라의 원흉인 이토 히로부미를 저격하여 죽였다. 일본군에게 붙들려 일본으로 호송되어 투옥되었을 때, 이 소식을 들은 안중근 어머니는 이렇게 말했다.

'어미보다 먼저 죽는 것을 불효라 생각하지 말라. 너의 죽음은 조선인의 분(憤)을 대신한 것이다. 나라를 잃은 애국자의 행동으로서 법정에 서지 말고 죽으라.'

역시 어머니의 곧은 성품과 나라 사랑의 근본이 모자(母子)에게 같이 있었다.

안중근 의사의 이런 일이 있고 난 뒤 김좌진 장군의 청산리 전투라는 역사가 또 우리의 애국심을 드높였다. 몇 해 전에 아내와 함께 백두산을 가보겠다고 옌지(연길)와 얼다오바이허(이도백하)를 둘러본 기억이 났다. 5월이었다. 오후 4시에 백두산 정상에 올랐다. 뭉게구름이 떠 있는 맑은 하늘과 하얗게 눈으로 덮인 천지를 보면서 한없이 기뻐했다. '여기도 우리 땅'이라는 소리가 절로 나왔다. 일송정에서는 해란강을 굽어보았다. 아마도 이곳이 김좌진 장군이 독립운동을 하던 이국땅의 무대였는지도 모른다.

2016년 1월, 지난해 동북 3성을 둘러본 지 몇 개월도 되지 않았다. 동토의 땅으로 변해버린 하얼빈역에 조그맣게 꾸려진 '안중근 의사 기념관'으로 향했다. 기념관 입구에서 중국의 젊은 직원이 나의 신분을 확인했다.

만리장성(万里长城)

우리가 중국을 이야기할 때 빼놓을 수 없는 곳이 있다. 세계 7대 불가사의한 축조물이라 불리는 만리장성이다. 이 만리장성을 중국인들은 두 글자로 줄여 장청(장성, 长成)이라고 한다. 또 중국인들은 이 장성을 두고 '장성에 오르지 못한 사람은 사내대장부가 아니다.'라는 말을 쓰곤 한다. 그만큼 장성이 그들에게 다가가는 의미는 크다. 나 역시 반드시 장성의 동서 끝을 볼 것이라고 다짐했다.

장성은 허베이성 산하이관(山海关)에서 시작하여 간쑤성 자위관(嘉峪关)에 이른다. 중국의 지도를 보면 북방의 서에서 동으로 향하는 길게 누운 용 한 마리가 있다. 산하이관의 바다에 가면 '용의 머리'라는 '老龙头' 비석이 있다. 그리고 장성의 서쪽 끝자락인 자위

베이징 팔달령

관으로 가면 건조한 황토 고원의 지대 속에 토담으로 형성된 성벽의 잔해들이 펼쳐지고 있다. 하지만 북방 기마민족의 침입을 막기 위한 성으로서의 역할에는 충분했을 거라는 생각이 들었다.

그러면 이 장성의 길이를 말할 때 과연 얼마나 될까? 만 리가 되려면 4천㎞인데 사실 만리장성의 실제 길이는 이보다 더 길다고 한다. 그런데도 중국 측에서 요즈음 동북공정이란 새로운 역사관을 지어내면서 장성의 길이도 바오미화(爆米花, 튀밥)처럼 과장해 놓았다. 동쪽으로는 연해주 언저리까지 서쪽으로는 신장 웨이우얼자치구 하미(哈密)시까지 넓혀서 말하고 있다. 우주선에서 내려다본 지구에 한 마리의 용이 걸쳐 있어 보니 만리장성이었다는 이야기도 있다지만 이것은 모두 허구이다. 중국 친구에게 장성의 길이를 물으니 '시간이 있으면 직접 재러 가 보겠다.'고 하는 농담의 말을 한다. 예전에 내가 들은 바에 의하면 4천 2백㎞ 정도이지만 중국인들은 시대에 따라 다르다고 하면서 5천㎞, 8천 5백㎞, 최장 2만 1천㎞까지 이야기한다.

이제 그 길이보다 장성이 가지고 있는 의미에 관해 이야기 하는 것이 좋을 것 같다.

북방 기마민족인 흉노족은 중원의 나라들에게 늘 경계의 대상이었다. 흉노족은 추운 겨울을 나기에 어려운 생활을 견디지 못하면 항상 남쪽으로 침략하여 착취해가곤 했다. 황하를 다스리는 자가 천자(天子)에 오를 수 있다고 하듯이, 북방 이민족의 침략을 해결하는 것이 천하를 안정시키는 왕의 임무였다.

간쑤성 자위관

중국 최초의 통일국가인 진나라로 통일을 이룬 후 조금씩 단절되어있던 장성을 하나로 잇는 사업에 몰두했다. 이에 따라 백성은 생활고에 허덕이게 되고 불만을 가진 옛 왕족 세력들의 반란이 이어진다. 그러면서 나타난 인물들이 초한 쟁패의 장수 항우와 유방이다.

거대한 토목공사는 필요한 것일지는 몰라도 한 왕조의 근간을 흔드는 위험한 일일 수도 있다는 것을 일깨워주는 대목이다. 여하튼 북방의 기마민족을 방어하느라 축조한 만리장성은 나라의 흥망성쇠를 여러 번 갈라놓았다. 그리하여 수나라, 요나라, 금나라로 나라가 바뀌어도 장성의 축조는 계속되어 갔다. 오늘날 그 축조물의 가치는 세월이 갈수록 빛을 더하여 세계인의 사랑을 받고 있다.

1996년 겨울, 처음 베이징에 가서 바다링(팔달령, 八达岭) 장성을 찾았다. 추운 1월의 차가운 바람이 차창의 틈새를 비집고 들어와 피부를 스쳤다. 보이지 않는 장성을 두고 도대체 어느 정도인지 마음이 조급했다. 어느 순간 사람들이 모두 한쪽으로 얼굴을 돌리며 감탄의 소리를 질렀다. 산 위에 나타난 거대한 벽, 그리고 이어지는 성벽의 용틀임이 가슴을 짓누르듯이 다가왔다.

여기서 시안(西安)에서 온 사람을 만나 그들의 도움으로 내국인 입장료를 냈다. 원래 외국인에게는 중국인보다 3배 정도의 비싼 입장료를 요구했다. 우리 인민은 이 장성을 쌓는데 수많은 사람이 희생되었다. 외국인은 장성을 구경하러 온 것이니 자국인과 입장료가 같지 않은 것은 당연하다는 뜻이다. 장성을 짓는데 사망한 인원이 지금까지 구경 온 사람보다 더 많다고 하는 기막힌 이야기도 들려주었다.

장성에 오르니 한 마리의 용이 움직이듯 능선을 따라 펼쳐져 있다. 장성의 축조물을 보고 한동안 입을 다물지 못했다. 그 높은 산에 돌은 어떻게 운반했으며, 능선을 따라 성을 세우기 위한 기초 공사는 어떻게 이루어졌는지 궁금했다. 아마 나뿐만 아니라 이런 의문을 가져보지 않은 이가 없을 것이다. 옛날에는 특별한 운송 기관에 의존하지도 않았을 것을 생각하면 더욱 이해하기가 어려울 정도다.

장성의 규모와 그 웅장함을 보고 다시금 중국인의 끈질긴 저력을 느꼈다.

이후 산시성을 여행하면서 위린(楡林)에 들러본 적이 있었다. 현지인의 말에 따라 찾아간 '전베이타이(鎭北台)'라는 곳에 붉은 글씨로 '萬里長城第一臺'라고 쓰여 있는 커다란 비석이 보였다. 성 누각에 올라 아래를 내려다보니 옥수수밭이 군데군데 보이는 사이로 폐허가 된 성곽이 드러나 있다.

산시성 위린 전베이타이

'전베이타이'는 명나라 시대에 축조된 것으로 장성 유적 중 가장 거대한 건축물 중 하나로 알려져 있다. 만리장성의 3대 기관으로 산하이관, 자위관, 그리고 중간 지역의 '전베이타이'가 있다고 말한다. 한나라 시기에 중국의 사대 미인 중의 하나인 왕소군이 흉노족에게 정략결혼의 희생양으로 '호한야'라는 흉노족 왕에게 가게 되었을 때 이곳을 지나면서 다시는 돌아오지 못할 고향 땅을 바라보며 슬퍼했다는 이야기도 전한다.

2013년 간쑤성을 다녔다. 칭하이성에서 유채밭으로 이름난 먼웬(门源)을 구경하고 곧바로 자위관으로 향했다. 예전에도 기차를 타고 허시후이랑(河西回廊)을 지나 신장웨이우얼자치구를 여행했었다. 이번에는 그 당시 지나쳤던 간쑤성을 버스를 타고 두루 둘러본다고 서두른 여행이다.

허시후이랑을 지나는 동안 건조한 바람이 황토를 스치며 불어온다. 얼굴에 스치는 흙먼지 바람이 눈을 뜨지 못하게 할 때도 종종 생겨난다. 입술이 트는 것을 막고자 연신 연고를 바르고 다녔다. 자위관을 지척에 두고 주취안(주천, 酒泉)에서 하루를 묵었다. 외국인이 묵을 수 있는 숙소가 제한되어 주취안 빈관 이라는 좋은 숙소에 들르니 숙박비도 그리 비싸지 않았다. 이 주취안의 이름에는 유래가 있다. 한나라 한 무제가 흉노족을 물리친 공로로 곽거병 장군에게 술 한 병을 하사하였는데 곽거병은 술을 우물에 부어 병졸들과 함께 마셨다고 한다. 아무튼 넓은 땅에서 들려오고 묻어나는 감동의 일화들은 나의 여행을 지루하지 않게 한다.

아침 자위관을 가는 저편 치롄산 줄기의 산봉우리들은 여름인데도 만년설을 뒤집어쓰고 있다. 자위관에 도착하니 열차 여행으로 이곳을 지날 때 저 멀리 보였던 웅장한 건물이 기억 속에 스쳤다. 입구에는 자위관을 지키던 옛 장수와 병사의 행렬을 재연하고 있다. 한동안 성곽을 오르내렸다. 주변으로 보이는 사막 같은 벌판 속에 자위관은 우뚝 솟아 있다. 변방의 오랑캐도 장성의 위용에 눌려 한 번도 이곳을 노려보지 못했다고 하니 자위관은 서쪽의 철옹성과 다름없다. 수도인 시안이나 뤄양(洛阳)에서 자위관에 있는 장군에게 군령이 내려지기까지의 시간은 장성의 길이만큼이나 길었을지도 모른다.

자위관을 다녀온 지 또 3년의 세월이 흘렀다. 동북 3성과 네이멍구를 여행하면서 허베이성 산하이관을 들렀다. 산하이관시의 고성 안에 있는 '천하제일관(天下第一關)'이라는 누각에 올라 장성의 길을 잠시 걸었다. 아침에 내리던 비가 그쳤지만 옅은 안개가 시야를 좁히고 있었다.

용의 머리라고 하는 라오룽토우(노용두, 老龙头)로 향했다. 해변까지 철통처럼 막아버린 용의 머리는 이내 동해 바다로 들어갈 것

허베이성 산하이관 라오룽터우(老龙头)

만 같았다. 날이 개고 화창해지니 후덥지근한 무더위가 여행을 지치게 한다. 장성과 바다가 만나는 곳에서 한동안 서 있었다. 황토의 벌판에 서있는 자위관의 여행 추억이 겹치고 있다. 장성의 시작과 끝 그 길이와 웅장한 규모에 감탄한 시간이다.

다시 지우먼코우장성(九门口长城)으로 발길을 옮겼다. 이 지우먼코우장성은 지하로도 1㎞ 지하 장성이 있다. 명나라대에 이런 군사시설이 있었다는 것도 처음 알았다. 어두운 통로를 따라 들어갔다. 일직선으로 난 통로는 두 사람이 서로 지나갈 수 있을 정도이다. 내부에는 병사들의 생활과 군사 활동에 필요한 공간이 잘 갖추어져 있다. 실로 놀라지 않을 수 없는 지하 장성이다.

이어 산으로 이어지는 장성에 오르니 마음이 후련해진다. 장성의 긴 등줄기를 보면서 느낀 감회가 참으로 만족스러웠다. 중국 역사의 흔적을 온전히 간직한 장성은 내 나라의 문화유산은 아닐지라도 지구상에 소중히 남을 인류의 값진 유산임에는 분명하다.

중국의 황궁(皇宮)과 왕릉(王陵)

　　1996년 처음 중국에 발을 들여놓았을 때 인천항에서 배를 타고 톈진(天津)에 도착하여 기차로 베이징(北京)에 들어갔다. 중국을 이야기할 때 빼놓지 않는 곳이 바로 만리장성과 베이징의 고궁(古宮)이라 불리는 쯔진청(자금성, 紫禁城)이다. 이는 1407년 명나라 영락제에 의해 난징(南京)에서 베이징으로 수도를 옮기면서 시작된 역사의 건축물이다.

　　이 쯔진청이 건축되기 600년 전 그들은 오늘날의 쯔진청이 이렇게 세계문화유산으로 남을 것이라는 생각이라도 했을까? 만리장성이나 이런 건축물을 축조한 그들을 보면 때로는 미련스럽기도 하고 때로는 은근과 끈기의 민족이라는 생각도 해 본다. 무조건 큰 것만이 좋다는 이야기는 아니지만 적어도 앞을 내다보는 능력에는 크게 공감했다.

　　고궁을 둘러보는데도 하루가 필요하다. 다니다 보면 간 곳을 또 간 기분이 들기도 하고 미로를 헤매는 기분도 든다. 건축물 하나하나에 사용되는 역할을 다 기억하지도 못할 뿐더러 알았다고 해

베이징의 고궁

도 그리 기억하고 싶지는 않다. 오직 중국이 가진 수도의 황궁이
란 상징에 눈을 맞추고 싶었을 뿐이다.

또 하나의 황궁으로 랴오닝성의 성도인 선양(심양, 沈阳)의 고궁
이 있다. 후금을 개명하여 청나라로 바꾼 두 명의 황제 누르하치
와 그의 아들 홍타이지의 황궁이다. 쯔진청에 비하면 볼품없을 정
도로 규모는 작다. 선양에 갔을 때 고궁을 둘러보기 전 북릉(北陵)
과 동릉(东陵)에 갔다. 그곳에서는 동릉을 복릉(福陵)이라고도 부르
고 북릉을 소릉(小陵)이라고 부르기도 한다. 왕릉의 형태와 규모를
보고 허베이성 청서릉(淸西陵)의 왕릉과 그다지 다르지 않아 그리
크게 감동을 하지는 못했다. 동릉은 후금을 세운 누르하치와 그
의 황후의 무덤이다. 그리고 북릉은 누르하치의 아들이고 청나라
2대 황제인 홍타이지의 무덤이다. 모래가 쌓인 능(陵)처럼 초목이
벗겨져 있다. 하얀 모래산으로 형성되어 있고 능 위에는 한 그루
의 나무가 꽂힌 듯이 자라고 있다. 능이 약간의 비만 내려도 쓸려
내려갈 것 같은 걱정이 든다.

귀국을 앞두고는 신빈(新宾)이란 곳에서 가까이 있는 칭융링(청

영릉, 淸永陵)을 찾아갔다. 선양에서 동쪽으로 버스를 타고 가면 이곳에 도착한다. 2016년 7월 9일 음력으로는 6월 6일이다. 이때가 만주족의 축제일이라는 것도 아침에야 알았다. 환인(桓仁)에서 신빈으로 가는 차가 마을에서 멈출 때마다 징과 북소리가 울려 퍼졌다. 이날 양을 잡는다는 풍습에 따라 마을의 작은 공간에서 주민들이 모여 양고기 식사를 즐기고 있다.

무더운 날씨 속에 찾아간 칭융링은 마침 황제를 위한 제사 의례가 시작되고 있었다. 한동안 제사 의식을 관심 있게 지켜보았다. 이 영릉은 누르하치의 6대조의 능(陵)인데 바로 신빈이 만주족의 발원지라는 의미에서 이곳에 안치하지 않았나 하는 생각을 해 보았다.

누르하치는 어렸을 때 명나라의 관직에서 일을 하다 정치적 희생양으로 돌아가신 조부(祖父)와 부(父)의 죽음을 보았다. 청년이 되어 원한을 갚기 위해 세 개로 갈라져 있는 여진족을 하나로 규합하는데 노력했다.

마침 조선의 임진왜란을 돕고자 명나라 군사들이 조선으로 간 사이 명나라를 공격하였다. 어느 시기부터 여진족이란 이름도 만주족으로 바꾸었다. 누르하치의 공격은 실패했지만 3대에 걸쳐 명나라를 공격한 결과 부패한 명나라는 결국 망하고 베이징에 청나라를 세우게 되었다. 이후 선양의 고궁은 황제의 별장 정도로 전락하였다.

명청 시대에 건축된 쯔진청이 있는 베이징 주위로는 왕릉인 명 13릉과 청동릉, 청서릉이 혼재해 있다. 하지만 명나라 태조인 주원장이 안치된 명효릉은 난징에 있고, 청나라 태조인 누르하치는 선양 동쪽에 복릉(福陵)이란 이름으로 안치되어 있다.

마지막으로 또 하나의 황궁이 있다. 바로 '마지막 황제 부의'라

는 영화로 잘 알려진 지린성 창춘(長春)에 있는 위만황궁(僞滿皇宮)
이다. 추운 겨울 날씨 속에 찾아간 황궁은 영화 속의 슬픈 추억만
큼이나 추위도 혹독했다.

창춘은 만주국의 수도였으며 위만은 만주족을 의미한다. 중국
의 마지막 황제인 '부의(溥儀, 푸이)'는 일본이 중국에 만주국을 설
립하고 지배하는 15년 동안 이곳에서 지냈다. 일본은 2차대전에
서 패망할 때까지 자기들이 관리하기 좋은 수도 창춘에 황제를 두
었다.

어린 나이의 부의는 아무것도 모른 채 황궁의 뒤뜰에 지어진 정
원에서 천진스레 놀았을지도 모른다. 황궁 안의 침실, 독서실, 접
견실 등의 가구나 집기류들만이 그 당시 황제의 삶을 말해주고 있
다. 중국풍의 황궁은 어디로 가고 일제가 남기고 간 어두운 역사
의 잔재만이 슬픈 기억을 간직하고 있다.

청나라의 마지막 황제인 '부의'는 1908년 3살의 나이로 황제에
올랐지만 신해혁명으로 퇴위 되었다. 일본은 이를 이용하여 부의
를 허울 좋은 만주국의 황제로 만들었다. 1948년 일본이 패전하
자 부의는 소련군에 체포되어 푸순(抚顺)에 있는 전범 관리소에 수
감된다. 이후 마오쩌둥의 사면령으로 석방되어 베이징 식물원에
서 정원사로 일생을 마감했다. 이곳 황궁은 이렇게 청나라의 시조
인 누루하치로부터 마지막 황제인 부의에 이르기까지 약 300년의
홍망을 기록한 역사의 그림자로 남았다.

역사는 정의로운 자에 의해 결정된다기보다는 힘 있는 자에 의
해 기록된다는 것을 황궁의 영광과 멸망이 말해주고 있는 듯하다.

이 밖에도 중국 고대 국가에서부터 만들어진 왕릉도 곳곳에 존
재한다. 중국의 왕릉은 규모가 크고 주변이 넓게 조성되어 있어
엄숙한 분위기보다는 하나의 관람 구역이나 공원을 연상케 할 정

허베이성 청서릉

도이다. 병마용(兵馬俑)이 있는 시안의 진시황릉(秦始皇陵)은 세 번
이나 다녀왔지만 갈 적마다 개보수를 통하여 더욱 공원화된 모습
을 느꼈다. 여행자가 산에 올라 도대체 진시황릉이 어디 있느냐
고 묻자 안내원이 당신 발 아래 있다고 말했다는 우스운 이야기
도 있다.

난징 주원장의 묘인 명효릉(明孝陵), 그리고 베이징의 서쪽에 있
는 청서릉(淸西陵) 등 몇 군데를 다녀 보면 왕릉의 형태나 구조가
거의 비슷하다. 20년 전 처음 중국에 발을 들여놓으면서 베이징에
있는 명 13릉(明十三稜)을 보게 되었다. 이름 그대로 명나라 열세
명의 황제가 모셔져 있는 능(稜)이란 곳이다.

명 13릉은 석조물 아래 지하 궁전의 공간으로 구성되어 있다.
안으로 들어가니 어둡기 짝이 없었다. 어쩌다 사진으로 본 현재의
명 13릉은 그 당시와 너무도 변해 있었다. 외부만이 아니라 내부
까지 치장한 것을 보니 너무 낯설게 느껴졌다.

최근에 다녀온 간쑤성 우웨이(무위, 武威)에 레이타이(뇌대, 雷台)라는 곳이 있다. 간쑤성은 도시 광장이나 박물관 등지에 대부분 말의 동상을 만들어 놓았다. 실크로드의 허시후이랑을 따라 서양과 교역을 하던 시기에 교통 및 운송 수단으로 유용하게 이용된 동물이 말이다. 동상으로 세워진 달리는 듯한 말들의 형상을 보면 살아있는 생동감이 느껴진다. 구름이 낮게 드리우고 약간의 비가 내리는 날씨 속에 '레이타이한무(雷台汉墓, 뇌대한묘)'를 찾아갔다.

들어가는 입구에 전혀 훼손되지 않은, 아니 새로 조성된 듯한 '동분마(銅墳馬)'라는 말의 열병이 나와 마주했다. 시안의 병마용과 흡사한 형상이다. 다시 안으로 들어가니 사찰 같은 모양의 건물이 육중하게 자리 잡고 있다. 이곳이 바로 전량(前涼)의 국왕 장궤(张軌)가 세운 레이타이(雷台)로 천둥의 신에게 제사를 올리던 곳이다.

자위관을 둘러보고 도착한 우웨이에서 단순히 왕릉이라 여기고 찾아간 곳이지만, 이곳은 왕릉이 아니라 고대 신권정치의 시기에 하늘에 제를 올리던 곳이었다. 어쨌든 늘 건조한 바람이 스쳐 가는 허시후이랑의 서량 땅에 이러한 분묘가 있었다는 것에 감탄했다. 지하묘인 이곳이 동분마(퉁번마)와 진귀한 문물이 다수 출토되어 아주 중요한 사료로서 평가받고 있다.

옆에 있는 입구로 가면 지하의 실제 묘를 볼 수 있다. 지하 갱도를 따라 안으로 들어갈수록 입구가 좁아져 반듯하게 서서 걸을 수가 없다. 들어가는 벽 주변에는 출토된 물품들의 사진을 전시해 놓았다. 그 당시 생활 도기와 힘차게 달리는 형상의 동분마, 뿔 같은 것을 표현한 상상의 동물 사진들이 진열되어 있다. 오랜 역사적 가치가 있는 유물이라는 생각이 들었다.

다음은 서하왕릉(西夏王陵, 시샤왕링)을 보고자 닝샤후이족자치구

닝샤후이족자치구 인촨 서하왕릉

의 인촨(은천, 銀川)으로 향했다. 아침 일찍 서하왕릉을 찾아갔더니 왕릉을 보기 위해서 내부 관람실을 거쳐야 했다. 우선 전시실 및 상영실을 다니고 나니 시간이 꽤 흘렀다. 서하왕릉은 중국의 왕릉이라고 보기는 어렵다. 왜냐하면 이곳은 중국의 변방에서 화려했던 또 하나의 부족국가인 서하국으로 존재했기 때문이다. 관람구 입구의 양쪽 문에는 한자도 아닌 매우 복잡한 글자가 쓰여 있다. 이것이 바로 서하시대 그들의 문자라는 것이다. 그들이 만들어 놓은 왕릉 자체도 중국의 어디에서도 볼 수 없는 특이한 것이다.

구기자 생산지로 이름난 허란산(하란산, 賀兰山)을 배경으로 세 개의 토묘가 삼각형을 이루고 있다. 흙으로 구성된 이 왕릉이 오랜 세월 동안 보존되어 있다는 자체도 신기했다. 한참을 보다가 관광객이 없다 싶을 때 고독한 왕릉의 멋진 사진 한 장을 남겼다.

서하왕릉을 보면서 역사는 흥망성쇠라는 수레바퀴를 벗어날 수 없다는 말을 되새겨 보았다. 우리나라의 말에도 '달도 차면 기운다', '부자도 삼 대 못 간다'라는 말이 있다. 성(盛)하면 안주하게 되고 부족하면 채우려 하는 인간의 본성이 이런 역사를 만들고 있지 않나 하는 생각을 해 본다.

가운데 있는 토묘인 3호릉은 탕구트족으로 서하(西夏) 왕조를 수립한 이원호의 묘로 태릉(타이링)이라고 한다. 아마 이 시기가 가장 화려한 전성기였을 것이다. 주변국이 흥하는 시기에는 움츠린 역사가 새겨지고, 주변국이 쇠퇴하는 시기에는 부흥을 구가하는 것을 볼 수 있다.

인촨으로 돌아오는 들녘에 차창 밖으로 구기자를 말리는 농촌 들녘이 지나가고 있다. 다음 날 인촨의 사호(沙湖)를 구경하고 돌아올 때는 구기자차를 한 봉지 챙겼다.

황궁과 왕릉을 둘러본 여행을 통하여 역사 속 권력자의 모습을 본다. 누구나 시작은 청렴했으나 결말은 늘 부패했다.

이런 이야기가 있다.

어느 임금이 '내가 죽지 않고 영원히 왕으로 남고 싶다.'고 대신에게 말했다. 대신은 말했다. '분명 그렇게 생각한 옛 임금도 있었겠지만 모두 돌아가셨습니다. 그분들이 원하는 대로 되었다면 임금님도 지금의 임금이 되지 않았을 겁니다.' 라고.

구청(고성, 古城)과 구전(고진, 古鎭)

　　　　　　　중국의 작은 도시들을 다니다 보면 구청(고성), 구전(고진)이란 이름으로 여행자들의 발길을 멈추게 하는 곳이 있다. 구청은 오래된 성이고 구전은 오래된 촌락이라고 보면 틀리지 않는다.

　유명한 구청 중에 산시성의 핑야오(평요, 平遙)구청과 후난성의 평황(봉황, 凤凰)구청에 다녀왔다. 윈난성의 다리(대리, 大理)구청도 가보았지만 다리구청은 구청이라기보다 다리국이라는 하나의 나라가 있던 지역이다. 그러므로 구청 그 자체가 나라의 수도라고 보면 다른 구청과 약간의 차이가 있다. 그런데 공교롭게도 핑야오구청과 평황구청은 같은 명,청 시대에 건축된 것인데도 다른 특징이 있다.

　산시성의 핑야오구청은 견고한 성곽으로 둘러싸여 있다. 주변에 산세를 자랑할 만한 것도 없거니와 흐르는 강물이 구청 안에는 존재하지 않는다. 그러나 후난성의 평황구청은 산으로 둘러싸여 아름다운 자연 풍광을 가지고 있고, 고요히 흐르는 퉈장(타강, 沱

산시성 핑야오구청

江)이 구청의 아름다운 풍취를 더해주고 있다.

이처럼 두 구청은 아주 대조적인 면을 보인다. 그래서인지 핑야오구청을 찾는 여행자들은 그 역사적 의미에 관심을 가지는 사람들이 많은 반면에, 평황구청을 찾는 사람들은 자연과 그 구청의 유희를 즐기는 데 관심이 많다.

핑야오구청(平遥古城)은 명, 청(明, 淸)대에 만들어진 구청으로서 오랜 역사에도 불구하고 보존이 완전하다. 옛 전통과 풍습이 그대로 내려오고 있어 세계문화유산으로 지정받은 곳 중 하나이다. 5~6㎞의 성곽으로 둘러싸인 구청 안에서 이들은 대대로 그들의 문화와 풍속을 유지하며 옛날의 전통을 변함없이 계승하고 있다.

저녁 밤거리를 걸었다. 그리 밝지도 않은 거리를 사람들은 분주히 오갔다. 음식점에서 나오는 열기와 음식의 냄새를 맡으면서 한

병의 맥주를 놓고 생각했다. 가끔 찾아오는 인생의 고뇌 속에서 언제까지 방황하고 살 것인가를 늘 물어봤다. 지나간 일을 생각하면 부질없고 다가올 일을 생각하면 모든 것이 두렵다. 깊은 밤이 되도록 그곳에 있었다.

다음 날 아침, 구청에 다녀왔다. 소고기로 유명한 이 구청은 '소고기 박물관(平遙牛肉博物館)'까지 있어 소고기에 대한 관심도 높았다. 묘당에 들러 무예의 도장에서 폼도 잡아보고, 정자 같은 곳에서 장기를 두는 포즈도 취해 보았다. 짧은 시간이나마 '판관 포청천'이 되기도 하고, 수제비 같은 '꺼다탕(疙瘩汤)'이라는 특산 음식과 간단한 국수 같은 '량펀(凉粉)'이란 음식도 즐겼다. 자유로운 시간이다. 때로는 급히 서둘러야 하는 일들이 많았다. 지나고 보면 왜 서둘렀을까 하는 후회를 하기도 한다. 여행을 통해서 내 삶이 조금이라도 여유 있는 생각 속에서 살아갔으면 좋겠다.

성곽을 둘러본다고 올라간 성벽 위의 길에서 비를 만났다. 가까이 있는 남문 누각으로 서둘러 비를 피하고 구청의 거리를 내려다보았다. 가옥들과 직선으로 난 도로 모두 짙은 구름 속에 잿빛으로 물들어버렸다. 하늘까지 흐리니 어두운 회색의 천지였다. 한순간 사람 하나 보이지 않는 유령의 도시로 변해버렸다.

잠시 비가 멎었을 때 저녁 공연이 시작됐다. 진행자가 올라와 소개하고 이내 막이 열렸다. 아가씨 대여섯 명의 부채춤, 쓰촨성에서 유명한 변검, 호루라기 소리를 흉내 내면서 관중을 사로잡기 시작했다. 봉을 휘두르면서 보여주는 묘기, 남녀의 사랑 이야기를 그린 단막극, 익살스러운 얼굴로 스님 복장을 한 세 사람의 코믹 연기 등등이 나올 적마다 관중의 박수 소리가 공연장을 달구었다.

물이 가득 찬 양동이를 압축력을 이용해 배에 붙인 채 나팔을

부는 나팔수의 연기로 공연장의 열기는 최고조에 달했다. 새색시 시집가는 단막극으로 공연을 마무리했는데 하나하나 그렇게 진지할 수가 없었다. 저렇게 진지한 시간이 나에게도 있었는가 생각하면서 공연장을 나왔다. 핑야오구청에서는 나의 삶을 되돌아보는 회상의 시간이 길게 이어지고 있었다.

핑야오구청을 다녀온 지 3년이 흐른 뒤에 평황구청(凤凰古城)을 찾았다. 이곳은 들어서는 입구부터 사람들이 북적이고 있다. 퉈장(沱江)이 흐르는 홍치아오(虹桥)를 중심으로 길 가운데 늘어선 먹을거리 상점들이 꼬치구이의 연기로 가득하다.

홍치아오에서 바라본 퉈장의 주변은 더위를 식히느라 수많은 사람이 물놀이에 여념이 없다. 징검다리를 건너면서 물장난하는 어린 아이들이 귀엽기만 하다.

퉈장변의 전통찻집의 한 구석에 자리를 잡았다. 어쩌다 이런 여행을 하게 되었을까. 3년 전에 핑야오구청을 갔을 때도 괜스레 나 자신을 돌아본 시간이 있었다. 오십 중반에 찾아오는 중년 남자들의 일반적인 생각일까. 돌아보면 내 손에 쥐어진 것이 딱히 보이지도 않고, 앞을 바라보면 뭐 그리 특별한 것도 눈에 띄지 않는다.

여행자를 태운 나룻배는 홍치아오 밑을 수없이 오가고 있다. 퉈장에 홀로 서 있는 탑은 수많은 사람의 사랑을 독차지하고 있다. 탑을 향해 가는 사람들마다 카메라 셔터가 멈추질 않았다. 카페에 앉아 한 잔의 술을 놓고 강변을 응시하고 있었다. 불빛이 어른거리고 덩달아 나도 취했고 퉈장의 만명탑(萬名塔, 완밍타)도 물안개에 취해 비틀거린다.

아침이다. 엊저녁에 마신 술과 안주로 취한 탓인지 이른 새벽인데도 느껴지는 더위는 여전했다. 나룻배에 올라 홍치아오를 지나

후난성 펑황구청 만명탑

퉈장의 강물에 몸을 맡겼다. 빨간 '치파오(중국 전통의상)'를 입은 모델이 사진 작가들에게 둘러싸여 양산을 비껴 쓰고 멋진 포즈를 취한다. 펑황의 풍취를 돋우는 그녀의 아름다운 모습은 선녀가 되어 하늘로 날았다. 시간이 여기서 멈추기를 원했던 펑황구청의 기억들이다.

여행 중 우연한 기회에 접한 구청이 하나 있다. 구이저우성 전위안(진원, 镇远)에 있는 전위안구청이다.

전위안 한가운데를 흐르고 있는 강변의 숙소에서 추위와 싸우고 있었다. 강물을 바라보니 오가는 배도 없고 오리들도 모두 숨어 버렸다. 다음 날 아침에 칭룽동(青龙洞)을 마주 보고 있는 뒷산을 오르니 그 옛날 구청을 지키려는 역사의 현장이 폐허처럼 다가왔다. 거의 허물어진 성벽이 울타리처럼 전위안을 지키고 있다. 이곳의 이야기는 명나라의 태조인 주원장을 이야기하지 않을 수 없다.

주원장은 안후이성 난징 사람으로서 원나라 말기에 가난한 농민의 아들로 태어났다. 그는 너무 배고픈 시절을 견디다 못해 승려가 되었다. 기근에 허덕이는 백성들의 원성이 결국 폭도로 번지기 시작했다. 이들이 나라에 대항하는 과정에서 주원장은 출세의 길을 걸었다. 정적을 하나씩 제거하면서 이미 기울어진 원나라를 멸망시키고 명나라를 세웠다. 즉 농민의 아들이었고 이름 없는 승려가 황제가 된 것이다. 이를 두고 누가 인생을 바꾸는데 시간이 없다고 말할 수 있겠는가.

주원장은 마지막 남은 쓰촨성과 윈난성을 항복시키기 위해 군사를 이끌고 바로 이 구이저우성의 전위안을 지나갔다. 그래서 이러한 역사적 사실을 전위안 사람들은 잊지 않고 기억한다.

이제 구전(古镇)을 만나자.

구전으로 유명한 곳은 장쑤성 쑤저우(소주, 苏州) 아래에 있는 저우좡(周莊)구전이 있다. 하지만 이곳은 관광지화가 되어 구전의 의미가 점점 퇴색되어 가는 것 같다. 또 저장성의 항저우 위에 있는 우전(乌镇)구전도 있다. 하지만 이곳도 저우좡구전과 별반 다름이 없어 보였다.

최근에 다녀온 공탄(龚滩)구전이 인상적으로 남는다. 공탄구전은 충칭(重庆)시 동남쪽 유양(酉阳)이란 곳에서 한 시간 정도 거리에 있다. 공탄구전이 있는 지역은 토가족이라는 소수 민족이 살아가고 있다.

토가족(土家族)은 대부분 후베이성 서부에 있는 언스(恩施)나 리촨(利川)을 중심으로 분포한다. 후난성, 후베이성, 구이저우성이 만나는 지역은 무릉도원과 도화원이라는 명칭이 제일 많이 등장할 정도로 아름다운 지역이다.

아메리카의 그랜드 캐니언이라고 불리는 언스대협곡을 보러 갔을 때, 시내 근교에 있는 토가제일성(土家第一城)이라는 곳을 보고 화려한 그들의 건축물에 매우 놀라기도 했다. 유양 동남쪽에서 펑수이(彭水)로 가야 하는 나의 루트에 공탄구전이 있다.

공탄구전을 가는 길에는 우장(오강, 烏江)이 유유히 흐른다. 우장은 《초한지》에서 항우가 유방에게 쫓기다 마지막 최후를 맞은 곳이다. 강물은 역사를 잊은 채 무심히 흘러가고 있다. 강을 건너자마자 터널이 있는 길을 만든 것도 신기하다. 터널을 지나 얼마 안 되어 차는 공탄구전에 도착했다.

차에서 내리니 등줄기로 땀이 흐른다. 그래도 비가 오는 날보다는 늘 감사한 날씨다. 버스를 같이 타고 온 두 명의 아가씨에게 '공탄구전'이라고 새겨진 곳에서 한 장의 사진을 부탁했다. 이 아가씨들은 이번에 고등학교를 졸업하는 학생들이다.

후베이성 언스 토가제일성

한 학생은 톈진 의대에 입학하게 되었고, 한 학생은 난징의 재무에 관한 대학에 입학했다고 한다. 내 딸도 지금 의대에 다니는데 내년 2월에 졸업한다고 말해 주었다. 이렇게 이야기를 나누다 보면 편하게 여행을 함께 할 수 있는 일은 다반사다.

오강이 흐르는 구전 맞은편은 깎아지른 절벽의 산이 우뚝 솟아 있다. 학생들은 나에게 피부가 탈 수 있으니 썬크림을 바르라고 주었다. 학생들이 피부에 관심을 두는 것은 어디나 마찬가지다.

한 가옥에서 드라마를 녹화하고 있어 한동안 그곳에 머물렀다. 이 구전은 충칭 여행관리국에서 정한 국가 지정 문화재이다. 하지만 충칭에서 멀리 있다는 이유로 크게 마음먹지 않는다면 다녀가기가 쉽지는 않다. 사람들은 객잔(客棧)에 들어가 오후의 더위를 피하고 있다. 두 학생도 먼저 숙소에 가서 쉬고 싶다고 하면서 내가 숙소로 돌아오는 걱정을 해 준다.

높은 절벽으로 둘러싸인 우장을 따라 오가는 배들도 오수에 젖어있는지 보이지 않았다. 조용한 시간과 공간이 더없이 좋다. 어떤 구전(고진)에 가면 장사하는 사람들의 요란한 소리에 때로 지칠 때도 있다. 저편 누각이 보이는 곳까지 걸었다. 누각 위에 올라 우장과 어우러진 구전의 풍광을 바라보고 있었다. 그늘에 앉아 부채질을 하고 있는 나는 정말 풍류객 같았다. 높은 산과 낮게 드리워진 구전의 가옥들이 대조적으로 보인다. 아름다움일까, 균형 상실일까. 아무래도 괜찮은 한 폭의 그림이다.

산의 그림자가 우장에 길게 늘어질 즈음에 숙소로 들어왔다. 한 여학생이 저녁 식사를 언제 할까를 상의하러 왔다. 이 구전에서의 계획은 모두 너희에게 맡길 테니 나에게 알려만 주면 된다고 했다.

우장의 푸른 물이 잔잔히 흐르고 더위를 피한 한두 척의 배가

충칭 유양 공탄구전

가끔 지나간다. 학생과 나는 중국 여행에 관한 이야기뿐만 아니라 여러 가지 궁금한 것들에 대해서 많은 이야기를 나누었다. 학생은 내가 티베트를 다녀왔다고 하니 무척 관심을 보인다. 중국인도 가장 가보고 싶은 곳을 말하라고 하면 티베트를 말한다는 것이 실감이 났다.

점심과 음료수를 너희가 사 주었으니 저녁은 내가 사겠다고 했다. 학생은 나는 손님이니 자기가 사야 한다고 말한다. '제발 나도 돈을 쓸 기회를 달라.'고 하면서 '너희는 돈을 버는 사람이 아니잖느냐.'고까지 말했다. 여행하면서 중국인의 이러한 친절을 곳곳에서 접하곤 했다. 하지만 학생에게 얻어먹는다는 것은 내 양심이 허락하지 않았다. 우장에서 잡힌다는 물고기와 버섯 종류의 반찬으로 오랜만에 맛있게 먹었다.

아침에 우리는 배를 타고 오강을 구경했다. 한 학생은 뭐가 그리 좋은지 가끔 한 소절씩 노래를 흥얼거린다. 내가 녹화를 할 테니 한번 불러달라고 하면 또 쑥스러워하면서 숙소에 가면 부르겠다고 한다. 학생들은 우장의 풍경을 담기에 정신이 없다. 두 시간 정도 우장에 누워 구전에서의 추억을 만들었다. 숙소에 가면 노래를 부르겠다고 한 학생은 약속을 지켰다.

점심을 먹고 헤어지려는데 한 학생이 갑자기 나에게 포옹한다. 나도 공부 열심히 하여 성공해서 꼭 한국도 놀러 오라고 했다.

식당 주인에게 항우가 우장에서 죽은 곳을 아느냐고 물었다. 주인은 웃으면서 우장의 길이가 1,000㎞라고만 답했다. 이틀간 공탄구전이 나에게 준 추억이다.

부호(富戶)의 마을

　　　　재물을 오래 유지하려면 권력이 필요하고, 권력 또한 궁극적인 목적이 재물의 축적에 있다. 그래서 이 두 가지는 서로 불가분의 관계에 있다. 내가 살아온 짧은 시간 속에서도 정경유착의 고리를 끊겠다고 선언하면서 권력과 정치에 기댄 기업 총수들이 얼마나 많은가?

　중국 역사에서 상인으로서 가장 높은 권좌에 오른 사람이 있다. 바로 진시황제를 옹립한 여불위다. 그는 비참한 최후를 맞이하였다고는 하나 살아있는 동안은 중국의 권력을 한 몸에 지녔던 국부(國父)라는 명칭을 얻고 살았다. 근대시대에는 저장성, 푸젠성의 돈 많은 상인들이 정치권력에 다가가다 쫓겨 외국의 여러 나라로 도망을 갔다고 한다. 이들이 지금 각 나라에서 '화교(華僑)'라는 이름으로 장사하면서 부를 누리고 있다.

　중국을 여행하면서 가끔 생각지도 않게 부호의 마을을 만나기도 한다. 물론 지금은 역사 속에 묻힌 관광지로 변해버린 역사적 기념관으로 남았을 뿐이다. 흥망성쇠가 늘 그렇게 스쳐 가기 때문

윈난의 헤이징

이다.

윈난성을 여행하다가 우연히 듣게 된 헤이징(黑井)이라는 곳을 찾아갔다. 추숭(楚雄)이란 도시에서 버스를 타고 시골길을 한참 달렸다. 아스팔트도 곳곳마다 헤져있어 버스는 속도를 내지 못했다. 도착한 헤이징은 여름인데도 더위를 느끼지 못할 정도로 산골이었다.

그런데 이 헤이징이라는 산골이 소금이 나는 곳으로 유명하다. 그 시대에 그곳 세상은 소금이 절실히 필요했다. 소금으로 인하여 첩첩산중의 마을로 돈의 흐름이 집중하기 시작했다. 이렇게 빈부의 흐름은 누구도 알 수 없는 곳에서 출렁이기도 한다. 갑자기 헤이징이란 작은 마을은 부호의 마을이 되어버린 것이다. 중국인들은 이렇게 부호의 마을이 생겨나면 훌륭한 가옥을 짓고 대원(大院)이란 이름을 달아준다. 물론 앞에는 부호의 성(性)을 붙여준다. 이곳 헤이징에는 무씨(武氏) 성을 가진 사람들이 많았는지 가장 화려한 무가대원(武家大院)이란 가옥이 부호의 상징처럼 다가왔다. 대원(大院)이란 사전적 의미로는 '안 뜨락, 안마당' 정도로 해석되지만, 의미로는 마을 공동체의 중심적 위치로 존재하는 뜻을 나타낸다.

하지만 넓지도 않은 룽촨장(龙川江)을 끼고 늘어선 집들은 이제 아무리 단장을 해도 빛이 나지 않는다. 그저 겸손한 늙은이의 모습과 구린 향내처럼 초라하게 비칠 뿐이다. 하지만 그 당시 이곳의 부호 자녀들이 중국의 수도 베이징까지 가서 권세를 얻어 행세하기도 했다고 한다.

이런 경우는 우리나라에서도 허다하게 일어났다. 한 예로 강원도 상동이란 작은 마을이 영월에서 멀지 않다. 이곳이 예전에는 중석(重石, 텅스텐) 산출지로 유명하여 사람들이 전국 각지에서 모여들어 부를 축적했던 시절이 있다.

산시성 성도인 타이위안(太原) 남쪽에는 교가대원(乔家大院)이란 곳이 있다. 교가대원 입구의 상가에 있는 식당을 들어갔다. 식당

광둥성 광저우 진가사(陳家祠)

앞 벽면에 '皇家有故宮 民宅有乔家'이란 글귀가 눈에 들어왔다. '황족에게 고궁이 있으면 민가로는 교가대원이 있다.'는 말이다. 그만큼 교가대원이 황족의 거처와 버금간다는 말이다.

중국에서 유명한 상인집단인 진상(晋商)이 터를 잡은 곳이 이곳 산시성이다. 진상(晋商)의 '晋'자는 산시성을 의미한다. 중국은 각 성(省)마다 구분 지어주는 한 글자가 있다. 중국 자동차들을 보면 그 성(省)을 대표하는 한자가 맨 앞에 표기되어 있다. 즉 진상(晋商)이란 산시성 상인들을 말하는 것이다.

교가대원의 역사에서는 중국 최고의 부자로 이름난 치아오쯔용(乔致庸)이란 진상(晋商)이 있다. 이 사람은 상인으로서 상도(商道)를 정비하고 치밀하게 장사하면서 커다란 부를 축적했다. 그리고 영원하리라고 믿었던 친족들의 울타리(저택)인 교가대원을 지은 것이다.

그 당시 이곳에는 진상(晋商)으로서 부를 축적했던 다른 성씨들도 저마다 화려한 저택을 소유하며 그들만의 성씨를 자랑했다. 왕가대원, 이가대원 등등이 경치 좋고 조용한 산골에 있다. 그래서 산시성 동남쪽으로는 많은 화려한 고택이 즐비하다. 아무튼 치아오쯔용의 훌륭했던 상도의 법칙도 시대의 변화에 따르지 못하고 정치적 소용돌이 속에서 몰락했다.

지금은 최고의 영화감독 장이머우(장예모)가 '붉은 홍등'이란 영화를 만든 촬영지로 이곳 안내원들의 입에 많이 오르내리고 있다.

교가대원을 우리나라로 말하자면 하나의 집성촌이라고 봐도 무방할 것 같다. 경북 안동에 가면 세계문화유산으로 등재된 하회마을이 있다. 이곳은 풍산 류씨(柳氏)의 집성촌으로 우리나라 조선시대의 주거 문화를 잘 보여 주고 있다.

황하를 중심으로는 역사가 발달하고 장강을 중심으로 한 지역은 문화가 발달하였다. '백 년의 근대 역사를 보려면 상하이를 가고 천 년의 역사를 보려면 베이징을 가라. 그런데 3천 년의 역사를 보려면 고도(古都) 시안으로 가라'는 말이 있다. 광둥성 성도인 광저우는 진가사(陳家祠)라는 곳이 있다. 이곳은 사당인지 사원인지 뭐라고 말할 수가 없을 정도의 건축물 구성이 나를 당혹게 했다. 이 광둥성은 홍콩이라는 거대한 무역항을 가까이하고 있는 데다가 중국 남방의 화려한 문화를 꽃피운 곳이기도 하고 광둥어라는 독자적인 언어도 형성하여 한때나마 중국으로부터의 독립을 꿈꾸기도 했다.

진씨 일가의 서원으로 알려진 진가사는 진씨서원(陳氏書院)이라고도 하며 광둥성에서 가장 규모가 크고 화려한 고대 건축물에 해당한다. 귀국을 앞두고 들른 진가사는 건축물의 지붕에는 용이 날고 각종 동물의 형상이 지붕의 끝날에 가지런히 놓여 화려함의 극치를 이룬다. 처마 밑이나 벽면에도 사람들의 조각상들이나 원숭이 등등의 각종 동물 형상들로 가득하다. 내부로 들어가면 집기류나 조각품들의 섬세한 솜씨가 더욱 두드러진다. 북방 부호들의 저택과는 아주 대조되는 문화적 차이를 볼 수 있다.

다음으로 황청샹푸(황성상부, 皇城相府)라는 곳이 있다 이곳은 산시성 동남쪽 진청(晉城)에 위치한다. 진청은 창즈(長治)시와 함께 관광지역으로 연계되어 관광버스가 운행되는 별도의 터미널을 갖추고 있다. 잠깐만 보고 나오는 구경거리로만 생각했던 황청샹푸에서 이곳저곳을 기웃거리다 하루를 묵게 되었다.

황청샹푸는 우리나라 전남 순천의 낙안읍성(樂安邑城)과 같은 형태의 건축물이라고 보면 적절할 것 같다. 낙안읍성은 처음에는 고

황청상푸

려 말, 조선 초에 외적의 침입이 잦을 때 지어진 토성이었다. 전란을 겪기도 하고 석재로 재건축을 통하여 현재에 이르렀는데 지금은 읍성이 민속 마을로 변하여 관광객이 즐겨 찾는다.

황청상푸는 강희대제(康熙大帝)의 스승인 진정경(陳廷敬)이란 사람의 저택이다. 그의 대표적인 작품으로는 《강희자전(康熙字典)》이 있다. 이 사람은 명문 세도가의 출신으로 아주 정직하고 청렴 결백했다고 한다. 저택은 견고한 장방형의 성벽 안에 조밀하게 지어진 가옥들로 인하여 땅이 보이지 않을 정도다. 부를 축적한 상인이나 권력을 손에 쥔 세도가들의 집이 예전에는 이랬다.

오늘날 부를 축적한 기업이나 높은 권력의 자리에 있는 현대판 상인과 세도가들은 어떻게 살고 있을까? 구름이 바람 따라 흘러가듯이 사람은 돈과 권력을 찾아 유랑하는가 보다. 여행의 끝자락 아니 진청(晋城)을 떠나면서 생각해 보았다.

풍류의 시인들

중국의 시인들을 만난다.

나는 늘 시인의 모습을 이렇게 상상한다. 허름한 도포 자락을 걸치고 선비의 모자를 쓰고 남에게 고개를 숙이지 않는 사람들, 주막집에서 한 잔의 술을 기울이며 돈이 없어도 전혀 두려워하지 않는 사람들, 숲속의 정자에 앉아 자연에 취해 집안 걱정은 안중에도 없는 사람들, 그러나 세상사의 희로애락이 한 줄의 글 속에서 춤을 추는 사람들이다. 하나 덧붙인다면 난초나 대나무 또는 학이 나는 그림의 누런 부채에 고산유수(高山流水) 같은 글귀가 있다면 더욱 멋질 것 같다.

중국의 시인들은 주로 쓰촨성과 후베이성, 후난성, 저장성을 무대로 살아갔다. 이 지역들이 산수가 빼어난 것이 이유이기도 하다. 시대는 달라도 시에 대한 영감을 살리기 가장 좋은 지역들이었던 것 같다. 지금도 아름다운 자연과 훌륭한 문화유적이 있어 많은 사람이 이곳을 즐겨 찾는다.

그 시대의 시인이나 문학가들을 보면 짧은 시기일지라도 정치에 몸을 담지 않은 이가 없었다. 하지만 글쟁이의 고지식한 사고 방식 때문인지 모사꾼들의 모함에 관직에서 물러나는 일도 다반사였다. 오늘날에도 학자로 지낸 사람들이 간혹 권모술수가 판치는 정치 무대에 들어가곤 한다. 하지만 정치꾼들의 농락에 살아오면서 그동안 얻었던 고결한 명성이 하루아침에 사라지는 것은 예나 지금이나 마찬가지이다. 여하튼 고래는 바다에서 살고 가재는 개울에서 살아야 한다.

주자이거우(구채구, 九寨沟)와 황룽(황룡, 黄龙)을 구경한다고 쓰촨성 청두(成都) 위에 있는 장유(江油)시에 갔다. 장유시 한가운데를 시원하게 흐르는 냇가에 '李白故里'라는 기념관이 있다. 시선(詩仙)의 흔적이 물씬 풍기는 기념관을 들러보면서 그의 일생과 시상(詩想)을 더듬어 보았다. 몇 년전 청두에 들렀을 때 찾아간 '杜甫草堂(두보초당)'이 떠올랐다.

나는 처음에는 초당(草堂)의 의미를 몰랐다. 초당이란 '집 밖에 억새 등으로 지붕을 만든 작은 집채'라는 의미와 '별당의 기능을 갖는 곳'이라고 한다. 이곳은 아이들에게 글을 가르치거나, 친구나 손님이 찾아오면 담소를 나누며 마음을 함께 나누는 장소이다. 글로써 서로의 마음을 교감한다는 것, 학자들에게는 아주 의미 있는 시간일 것이다.

시인의 마음을 찾아 길을 떠나기도 했던 여행이 있었다. 유명한 시인들이 한둘이겠냐마는 우리가 자주 들었던 시인들에 대해 시대순으로 적어 보았다. 굴원, 이백, 두보, 백거이, 도연명, 소동파가 우리가 흔히 들을 수 있는 시인일 것이다.

중국 춘추전국시대의 시인으로서 굴원(屈原)은 '어부사(漁父辭)'라는 유명한 글을 남겼다.

굴원이 관직에서 모함받고 헤매다 멱라강(汨羅江) 가에 이르러 배를 타려고 했다. 이를 본 어부가 말한다.

어부 그대는 삼려대부가 아니십니까? 무슨 까닭으로 이렇게 초췌한 모습이 되었습니까?

굴원 세상이 혼탁하나 나 홀로 깨끗하고, 모든 이가 취해 있는데 나 혼자 깨어있어 이렇게 추방되어 떠돌고 있네.

어부 혼탁함에 같이 어울리고, 취함에 같이 취하는 것이 성인의 길이 아닙니까?

굴원 머리를 감은 사람은 관을 털어서 쓰고, 목욕한 사람은 새 옷으로 갈아 입는 것이오.

어부 물이 맑으면 몸을 씻고, 흐린 물에는 발을 씻으면 되지 않을까 합니다.

이 말은 남긴 어부는 떠났고 굴원은 멱라수에 몸을 던졌다. 멱라수에 빠져 죽은 그를 애도하는 백성들이 시신을 찾고자 했다. 시신을 물고기가 먹지 못하도록 백성들은 대나무 통에 쌀밥을 넣어 강에 던졌다. 이 일화가 전해져 오는 날이 음력 5월 5일이다. 이때 그를 기리는 행사가 '단오절'이 되었다. 이때는 물에 빠진 굴원을 찾기 위한 용선(龍船)을 띄우는 축제도 열린다. 얼마나 애석하면 2천 년 전의 굴원을 아직도 잊지 못할까.

아무튼 〈어부사〉는 굴원과 어부의 대화를 통하여 살아가는 삶의 고뇌를 조명해 두었다. 오늘날에도 '어부사'는 순응하는 삶과 자신의 소신을 지키려는 삶과의 현명한 선택을 물어온다. 이런 상황은 우리나라의 역사에서도 얼마든지 찾아볼 수 있다. 조선 초의 정몽주와 정도전, 그리고 성삼문과 한명회 등이 있다. 우리에게도 작은 일이든 큰일이든 이런 상황에 부딪히는 일들이 비일비재하다. 참으로 인생은 선택의 문제에서 늘 고민하다 가는 것인지도 모른다.

이후로 '촉나라로 가는 길은 하늘 오르기보다 힘들다.'는 '촉도난(蜀道難)'으로 유명한 글을 남긴 이백과, '춘야희우(春夜喜雨)'의 시를 남긴 두보의 시대가 나온다. 이 둘은 같은 시대를 통하여 시선(詩仙)과 시성(詩聖)이라는 걸출한 별호를 얻으며 생을 마감했다.

이들은 중국의 문화가 최고로 융성한 시기인 당대(唐代)에 활약했다. 청련거사(靑蓮居士)라는 별호를 얻은 이백은 관직에 있을 때 당 현종과 양귀비의 사랑 이야기를 남겨 어용 시인으로 낙인이 붙어 다녔다. 하지만 그의 일평생은 관직을 떠나면서부터 현실을 초월해 인간의 자유를 비상하는 방향을 취하였다. 이에 반해 두보는 현실의 세계에서 윤리적 사고를 지닌 인간의 삶을 지어냈다고 말할 수 있다.

서로의 사상적 관념이 다른 이 두 시인은 열 살의 나이 차이에도 불구하고 벗 삼아 일 년을 함께 지내기도 했다고 한다. 처음 그들이 마주한 곳은 허난성의 고도(古都) 뤄양(洛陽)이라고 한다. 역사의 흥망성쇠를 거듭한 이곳에서 이들이 지어낸 시들의 풍취는 가히 사람들에게 많은 사랑을 받았을 만하다.

2011년 난징(南京) 서남쪽 마안산(馬鞍山)에 들러 이백의 마지막 자취가 있는 채석기(采石矶)라는 곳을 둘러보았다. 아무튼 시선 이백이 둥근 달을 움켜쥐려고 강물에 몸을 던졌다는 일화를 남긴 곳이 바로 채석기다. 강둑에 기댄 사십 대의 남자가 장강을 굽어보며 큰 소리로 노래를 부르고 있다. 옛 시인의 글이 노래로 저 강물 따라 힘차게 흘러가는 듯하다.

향사거산(香士居山)의 별호를 가진 백거이(白居易)는 당나라 때

안휘성 마안산 채석기

의 시인이다. 당 현종과 양귀비의 아름다운 사랑 이야기를 소재로
〈장한가(长恨歌)〉라는 장문의 글을 남긴 시인으로 유명하다. 당나
라 하면 당 현종과 양옥환의 이야기가 유명한데 활짝 핀 꽃도 이
여인을 보고 수줍어했다는 수화 미인의 양귀비다.

　허난성 뤄양(洛阳)에 있는 용문 석굴을 보고 향산사(香山寺)에 들
렀다. 백거이 묘가 있는 곳에 작은 글씨로 '장한가'를 적어놓은 큰
돌이 눈에 들어왔다. 진정 슬픔이었을까? 아니 왕의 사랑을 기대
한 어용이었을까?

　양귀비의 이야기를 잠시 해보자. 어쩌다 광시좡족자치구를 여
행하면서 위린(玉林) 동쪽에 룽현(龙县)이란 곳을 들렀던 적이 있
다. 이곳이 양귀비의 고향이라면서 기념관을 지어 놓고 양귀비 일
생을 자세히 조명해 놓았다. 맨 마지막에는 애절하게도 '안록산의
난'으로 절세미인 양귀비의 슬픈 그림자를 묻어두고 있었다.

　얼마나 많은 권력자가 뛰어난 여인의 미모에 젖어 국가를 망하

게 했는지 모른다. 게다가 권력자 자신도 슬픈 그림자로 남는 것을 수없이 봐 왔다. 지금도 여전히 그런 역사는 되풀이되고 있다. 역사는 미래의 얼굴이 분명했다. 이성이 감정을 지배하지 못하는 것은 본능이다. 하지만 인간은 배움이 있기에 동물과 다르다. 동물은 태어나서 죽을 때까지 하루의 생활을 반복한다. 그래서 진화하지 못하는 것이다. 잠시 나의 푸념이다.

중국의 4대 미인은 춘추전국시대 오월동주의 고사 속에 나오는 '침어(沈魚) 미인'이라는 서시(西施)가 있다. 서시라는 여인을 보고 물고기가 헤엄치는 것을 잊어 가라앉았다는 일화를 남길 정도였다고 한다. 그리고 전한 시대에 흉노족과의 화친이라는 정략결혼으로 네이멍구로 간 '낙안(落雁) 미인'이라는 왕소군(王昭君)이라는 여인이 있다. 날던 기러기가 이 여인을 보다 날갯짓을 멈추어 떨어졌다는 일화다. 또 위,촉,오 삼국시대에 나오는 '폐월(閉月) 미인' 초선이다. 이 여인을 보고 달도 수줍어 구름 뒤에 숨었다고 해서 붙여진 별호다. 끝으로 당나라 때 현종과의 사랑을 나눈 '수화(羞花) 미인'이라는 양귀비다.

이렇게 중국인들은 참으로 호들갑스럽게 미인의 별호를 달아주었다. 과장인지는 아니 허무한 상상력인지는 모르나 듣는 우리 남정네에게는 그 아름다움이 글만으로도 충분히 느낄 수 있었다.

어느 해인가 후베이성 싱산(兴山)을 지나면서 '소군고리(昭君故里, 소군촌)'에 들렀다. 직원의 안내로 소군의 슬픈 사연을 들었다. 향촌의 관리가 자신의 출세를 위해 마을의 예쁜 소녀를 한나라 원제에게 바쳤다. 왕은 후궁이 너무 많아 후궁의 얼굴을 화가에게 그리게 하여 예쁜 여자를 선택하곤 하였다. 이에 간택을 받으려고 후궁들이 화가에게 뇌물을 주어 자기 얼굴을 예쁘게 그리도록 청했다. 그러나 소군은 그렇게 하지 않아 화가가 대충 그려 왕에게 주었으니 간택될 리가 없었다.

훗날 북방 흉노족의 침입에 시달린 원제가 정략결혼으로 흉노
족장에게 보내려고 소군을 불렀다. 용모를 보니 화가가 그린 얼굴
과는 달리 대단한 미인이었다. 이미 약속된 것이라 할 수 없이 흉
노족에 딸려 보내긴 하였으나 왕은 분노했다. 왕은 즉시 화가를
불러들여 죽였다. 네이멍구로 간 소군이 어느 해 화창한 봄날 정
원의 뜰을 거닐며 '봄이 되었어도 봄 같지 않구나.(春來不似春)' 하
면서 고향의 어린 시절을 무척 그리워했다고 한다.

2015년 네이멍구를 여행하다 후허하오터(呼和浩特)에 갔을 때
소군묘(昭君墓)를 가기도 했다. 미인의 기념관은 역시 달랐다. 한
참을 걸어 작은 동산 위를 올라 아래를 내려다보았다. 길 양쪽으
로 소군이 지낸 삶의 그림자를 하나하나 조각하고 기록해 두었다.
시인이나 예술가들은 시대의 미인들을 두고 가만히 있지를 않았
다. 그 아름다움에 역사의 색칠을 하고 지나갔다. 대표적으로 서

후베이성 싱산 소군고리

중국 유랑 상

양의 클레오파트라가 그랬고 동양의 양귀비가 그랬다.

그 후로 동진(東陳) 시대의 시인 도연명(陶淵明)의 유명한 '귀거래사(歸去來辭)'가 기억난다. 관직을 버리고 고향으로 오면서 행복한 감정을 잘 표현한 글이다. 제일 맘에 드는 구절을 몇 개만 적어 보았다.

'뉘우친들 흘러간 것 바뀌지 않고, 앞으로 그르칠 일 있으랴.

멀리 돌아오지 않았거늘, 이제는 옳은 길을 찾았노라.

뜻 둘 곳 없어 사귐도 어울림도 잊으려 하는데

다시 세상에 나간들 얻을 게 있겠느냐.'

이런 글을 보면 시인은 늘 현실과 타협하지 못했다. 정치와 결합한 어용 시인의 붓이 칼이 되어 돌아오는 것을 두려워했기 때문이다.

끝으로 소동파(苏东坡)는 송나라 때의 시인 소식으로 그의 부친 소순과 아우 소철과 함께 3소라고 불리며 송대에 '당송 8대가'로 그 이름을 떨쳤다. 그가 관직에 있을 때 송나라 재상 왕안석이 국부론을 주장하는 신법을 국가 정책으로 삼았다. 소동파는 이를 비판하다가 거의 일생을 지방으로 좌천되면서 살았다. 그러면서 수많은 시를 남기고 백성들과 어울리며 많은 존경을 받았다. 그의 유명한 시로는 '적벽부(赤壁賦)'라는 유명한 글이 있다. 적벽은 후베이성 장강이 흐르는 곳에 있으며 그 곳의 아름다운 경치를 표현한 글이다. 쓰촨성 러산(락산, 乐山)에 가면 러산대불 뒤편에 있는 소동파 기념관이 그를 잘 말해주고 있다. 소동파가 유람하며 거처한 곳마다 여러 가지 일화를 남기곤 했는데, 그중 하나를 이야기하고 싶다.

소동파는 돼지고기를 무척 좋아했다. 황주(黃州)라는 곳에 부임했을 때 넘쳐나는 돼지고기를 두고 부자는 안 먹고 가난한 백성은 요리할 줄 몰라서 안 먹는다는 이야기가 있었다. 이에 소동파는 스스로 요리법을 개발해 백성들에게 나누어 주었다고 하는데, 이 '동파육(东坡肉)'이라는 요리가 오늘날까지도 전해져 유명한 식당에서 인기를 얻는다.

한 번은 손님을 초대하는 날짜를 정하고 하양(河揚) 땅의 돼지가 특별히 좋다 하여 하인을 시켜 돼지를 사 오라고 보냈다. 하인이 돼지를 사서 오다 주막집에서 술에 취해버렸다. 그사이 사 오던 돼지가 도망을 가버렸다. 하는 수 없이 주변 마을에 있는 돼지를 사서 올 수 밖에 없었다. 소동파에게 거짓으로 하양 땅의 돼지라고 했다. 돼지를 잡아 정성으로 손님을 대접했다.

손님들이 먹으면서 '역시 하양 땅의 돼지는 정말 맛있다.'라고 소동파의 비위를 맞추었다. 이때 하인이 잃어버린 돼지를 지역 주민이 잡아서 가지고 왔다고 자랑삼아 소동파에게 큰소리로 '하양 땅에서 산, 잃어버렸던 돼지를 잡아 왔다.'고 말했다. 모든 손님이 씁쓰레한 얼굴로 하나둘씩 고개를 돌리고 돌아갔다는 이야기가 전해진다.

여행하면서 가끔 동파육을 영양식으로 주문해 먹어보았는데 맛이 그런대로 좋은 편이고 질리지도 않았다.

옛사람은 갔어도 그들이 남긴 글들은 지금도 우리의 삶에 회자하고 있다. 여행을 다니면서 시대를 떠나 그들의 시 감상에 젖어 다닌 여행도 참으로 의미 있었다.

중국의 술(酒)과 차(茶)

1) 술 문화

중국 여행에서 술을 빼면 술을 즐겨 마시는 사람들에게는 여행의 감흥이 매우 줄어들 것이다. 술은 때로는 과음으로 이어져 사람의 행동을 거칠게 하고 타인에게 나쁜 감정을 표출하기도 하고 이에 따라 규범에 어긋나는 행동을 하는 경우가 허다하다. 하지만 술은 어색한 만남에서 분위기를 부드럽게 해주는 좋은 음식 역할을 톡톡히 한다. 우리가 술에 대한 예법을 잘 이해한다면 술은 인간이 만들어 낸 최고의 음식으로 대접받을 것이다.

문화의 차이지만 중국은 술자리에서 첨잔이라는 것이 상례라서 조금만 마셔도 수시로 잔을 채워준다. 우리나라는 잔을 다 비운 뒤에야 술을 따른다. 헤이룽장강성에서 만난 친구들과 술자리를 한 적이 여러 번 있었다. 이들은 술을 마시다 중간 중간에 한 사람씩 돌아가면서 그들의 우정과 화합을 위하여 덕담을 하는 것을 보고 새삼 술자리의 훈훈함을 느꼈다.

술의 종류는 중국이 아마도 세계에서 제일 많을 것이다. 하지만 술의 미각에 있어 특별한 사람이 아니고서는 거의 술맛이 흡사한 '고량주'라는 범주를 벗어나지는 않는다. 우리나라에서도 충북 제천에서 동해고량주라는 술을 양조하던 때가 있었다. 내가 다니던 학교 바로 정문 앞에 있어 수업할 때면 가끔 술 냄새가 바람을 타고 풍겨왔다. 그 당시 나는 농산가공이란 과목을 가르쳤다. 그래서 농산물 가공을 견학한다고 고량주 양조회사를 방문하곤 했다. 회사에서 주는 견본 고량주를 한 모금 마시면 우리나라 일반 소주보다 더욱 강한 술 냄새가 났다.

중국 각 지방에서 산출되는 고량주는 본래 수수를 주로 한 곡류와 밀, 옥수수, 쌀 등의 다른 곡식을 섞어 가공하는데 이곳에서는 옥수수를 주재료로 하고 있었다. 우리나라의 수수 생산량으로는 술의 소비를 따라갈 수가 없었을 것이다. 하지만 도수가 소주보다 높아 고량주를 선호하는 술 애호가들에게는 아주 인기가 있다.

중국의 음식이 대부분 느끼하여서 더욱 술 생각이 나기도 한다. 허름한 작은 식당에서 식사하다가도 한 잔의 술이 생각나면 주인에게 부탁한다. 그러면 적어도 도수가 50도 이상인 술이 나온다. '바로 이 맛이야.' 하면서 한잔을 하고 숙소로 돌아와 침대에 누우면 온 세상이 내 것인 것 같다.

중국 사람들은 7~8명이 원탁의 상에서 식사하는데 술이 오가면 '화취엔(划拳)'이라는 게임을 즐긴다. '가위바위보' 같은 게임 형태인데 손가락을 내밀면서 숫자를 말한다. 숫자가 일치되는 손가락을 내민 사람이 벌주로 술을 마시면서 흥을 돋운다.

충칭(重庆)을 여행하다 구이저우성(貴州省) 마오타이(茅台)에 가기로 했다. 이유야 간단하다. 중국에서 가장 훌륭한 술이 바로 마오타이주이고 이곳에서 생산되기 때문이다. 구이저우성 구이양

술 한 잔의 화취엔 놀이

(贵阳) 북쪽에 있는 쭌이(遵义)를 둘러보고 저녁에 런화이(仁懷)에 도착했다.

아침에 약간의 비가 내렸다. 버스를 타고 마오타이에 도착하니 열린 차창으로 술 냄새가 코를 자극한다. 역시 마오타이는 다르구나 하는 인상이 들었다. 마오타이주는 미국과의 외교 관계를 돈독히 하고자 할 시기에 마오쩌둥이 미국의 국무장관 키신저와 함께했던 술로 유명하다. 이에 따라 마오타이주는 더욱 알려져 외국의 술 박람회가 개최될 적마다 금상을 휩쓸었다.

마오타이를 흐르는 황톳빛 강물이 시내를 가로지른다. 강 건너서 보이는 산 정상에 황토색의 축조물이 눈에 들어왔다. 길을 걷는데 황토의 진흙이 걸음을 더디게 하였다. 강가를 걷는다고 방향을 잡은 것이 어쩌다 공사 중인 곳으로 가게 되었다. 개울을 건너려고 철근으로 엮은 엉성한 다리를 걷다가 진흙에 빠져 버렸다. 누가 등 뒤에서 나를 안아 일으켰다. 공사장에서 일하는 인부였는데 이분은 나를 부축해서 안전한 곳까지 데려다주고 돌아갔다. 고

마운 일을 하고서도 아무 일도 없었다는 듯이 돌아가는 그의 뒷모습을 한동안 바라보고 있었다.

술 냄새가 물씬 풍기는 마오타이에서 아마도 내가 마오타이주의 향에 취했는가 보다. 다리를 건너기 전 좌판이 벌어진 시장에서 잠시 바지에 묻은 흙을 닦았다. 다리를 건너 올라간 정상에는 장쩌민(강택민)의 친필이 커다랗게 쓰여 있는 혁명기념관이 있다. 이곳에서 마오타이의 마을을 내려다보았다.

이 작은 마을에 무엇이 있기에 중국 최고의 술이 생산되는지 궁금했다. 공장을 견학하려고 갔더니 공장관리인이 관리국에 가서 참관증을 받아 오라고 한다. 우리나라에 가서 학생들에게 마오타이의 술 제조법을 알리고 싶다고 하면서 여러 번 부탁해도 소용이 없었다. 할 수 없이 관리국을 찾아갔다. 이곳에서도 참관증을 받을 수 없었다.

이곳을 온 사람들이 술 제조 과정에 대해 궁금해하는 것이 당연하다. 양조 전문가들도 이곳의 양조법을 견학하고 돌아간다고 한다. 쓰촨성 동남부에 이빈(宜賓)이란 도시가 있다. 여기서 생산되는 '우량예(오량액, 五粮液)'라는 술도 중국에서 두세 번째로 손꼽히는 술이다. 수난주하이(촉남죽해, 蜀南竹海)라는 곳을 보러 갔다가 술 제조 공장을 보려고 했지만 이때는 공장을 찾지를 못하고 시간에 쫓겨 돌아온 적이 있었다.

마오타이주는 진짜라면 최소한 천 위안 이상의 가격으로 거래된다고 한다. 도로변에 늘어선 상점들은 믿을 수 없어 공장에서 사고 싶었다. 원래 유명하면 가짜가 생겨나는 것이다. 우리나라에서도 여자들이 좋아하는 고가의 핸드백이 가짜가 난무해 소비자를 울린 적이 한두 번이 아니다. 미국 달러가 귀하니 위조지폐도 생겨나는 것이다. 이제는 중국의 런민비도 가짜로 인한 문제로 국가의 화폐 관리가 삼엄해졌다.

신장웨이우얼자치구의 성도인 우루무치(烏魯木齊)에 가서 빙촨(冰川)을 구경한다고 갔다가 큰 변을 당한 적이 있었다. 이 일로 여행사가 보상을 하겠다고 저녁에 그럴싸한 식사를 대접했다. 같이 여행한 중국인이 술은 백주를 요구하라고 나에게 은근히 일러주었다. 하지만 백주를 마셔보고 싶다는 나의 제안은 거절되었다. 이곳에서 백주는 무척 좋은 술인가 하는 생각만 해 보았을 뿐이다.

하지만 산시성의 성도인 타이위안(太原)에 가서 사원인 진츠(진사, 晉祠)에 들렀을 때는 유명한 술에 취해 보았다. 진츠를 둘러보다가 나무 그늘 아래에서 식사를 하고 있는 한 가족을 만나 식사를 같이했다. 내가 한국인이라는 말에 할머니가 갑자기 자신의 자랑을 늘어놓는다.

베이징 올림픽을 앞둔 1년 전에 500㎞나 되는 베이징까지 자전거를 타고 가는 일을 해냈다고 하셨다. 그러면서 이번에도 또 한번 해볼 생각이라고 하셨다. 할머니의 연세는 72세였다. 어깨와 몸의 체격을 보니 과연 탄탄해 보였다. 할아버지는 역사학자 교수로 퇴임을 하고 이곳 진츠를 관리하고 있다고 한다.

이곳에서 술 한 잔을 받았는데 산시성에서 유명한 펀지우(분주, 汾酒)라고 한다. 펀지우는 중국 사대 명주로 알려진 아주 유명한 술이다. 몇 잔을 욕심으로 기울이니 역시 여행의 풍취를 느낄만했다. 갑자기 할아버지가 일어나면서 따라오라고 한다.

어느 사당 같은 곳에 이르러 자물쇠를 열고 뭔가를 보여 주셨다. 비석에 조각된 한 분이 계셨는데 이 비석에 조각된 초상화의 발을 보면서 왔다갔다 해보라고 하셨다. 놀랍게도 이 초상화의 발이 내가 움직이는 방향으로 움직이고 있다. 내가 술에 취했을까?

산시성 타이위안 진츠

다른 초상화도 그럴까? 아닐 것이다. 모두가 그렇다면 나를 이곳으로 안내하지 않았을 것이다. 여하튼 편지우는 내가 진츠를 떠난 후에도 입가에서 그 향기를 품어내고 있었다.

어느 날 귀국을 하여 술 문화에 대한 글을 남기고 싶었다. 그동안 술자리를 하면서 있었던 일들의 과거를 돌아보았다. 그리고 십계명이라는 이름으로 나의 음주 좌우명으로 삼은 내용을 적어 보았다. 이 정도면 술에 대한 신사라는 말은 듣지 않을까 생각한다.

1. 자기만 말하지 마라. 2. 으스대는 이야기 하지 마라. 3. 상대방의 화제에 초점을 맞추라. 4. 주로 웃는 화제를 나누라. 5. 한 이야기 또 하지 마라. 6. 목적한 내용만 간단히 말하라. 7. 들어주는 아량을 보이라. 8. 평소와 다른 감정을 보이지 마라. 9. 술잔 두 번 이상 권하지 마라. 10. 다른 곳에 시비 걸지 마라.

2) 차(茶) 문화

중국인은 차(茶)에 대한 관심도 유달리 높다. 그런 이유로 지역마다 이름난 차들도 수없이 많다. 중국은 대부분의 지역이 석회암 지대이다. 그래서 동굴도 많고 기이한 형상의 산 풍경도 도처에서 볼 수 있다. 하지만 석회 토질로 인하여 늘 물을 끓여 먹어야 하는 생활에 익숙해야만 했다. 이때 찻잎을 넣어 우려내어 마시는 습관이 생활화되었다.

특히 중국의 서남부 지역을 여행하다 보면 차를 즐기는 모습을 더욱 실감할 수 있다. 사람들 대부분이 마시는 차를 말하자면 일반적으로는 우롱차(烏龙茶)가 늘 중국인에게 쉽게 접하는 차인 것 같다. 하지만 종류에 따라 가격이 다르고 차의 가치는 천차만별로 다양하다.

차가 어떠하다고 정의를 내릴 수는 없지만, 여행하면서 경험한 차에 관한 이야기를 적어 본다. 후난성(湖南省) 창샤(长沙)에 도착하여 마오쩌둥 주석의 고향인 샤오산(韶山)을 거쳐 다시 신화(新化)로 발길을 옮겼다. 신화에 있는 '자견계제전(紫鹃界梯田)'이라는 유명한 계단식 논을 보기 위해서다. 차(車)가 산길로 접어드니 여름인데도 그리 덥지 않았다. 차에서 내려 첩첩산중에 있는 계단식 논을 감상하면서 산길을 걸었다.

산 중턱에 한 채의 가정집이 있어 찾아 들어갔더니 마침 온 가족이 식사하고 있다. 이들은 고맙게도 나에게 식사와 차를 대접해 주었다. 그런데 차 잎의 모양이 유달리 이상했다. 끓인 차를 유리잔에 주었는데 마치 벌레가 위아래로 움직이듯이 수중을 오가고 있다. 신기하여 어른에게 물어보았더니 의외의 말을 한다. 이 차는 잎으로 만든 것이 아니라 꽃망울이 나오기 직전의 밑 부분을

윈난성 멍하이(勐海)의 운차원(云茶园)

따서 만든 것이라고 한다. 어른은 떠나는 나에게 약간의 차를 봉지에 싸주었다. 신기해하면서도 차의 이름을 알아두지 못한 것이 못내 아쉬웠다.

귀국하여 인터넷으로 알아보는 중에 군산은침차(君山銀針茶)라는 것을 보게 되었다. 이 차는 삼기삼락(三起三落)이라는 사자성어를 달고 있었다. 즉 차를 우려내는 동안 찻잎이 세 번 오르고 내리기를 거듭한다는 데서 유래했다고 한다. 맛도 독특하여 황제에게 공물로 바치는 품목 중의 하나가 되었다고 할 정도로 특이한 차로 알려져 있다. 혹시 내가 접한 지금의 차가 군산은침차는 아니었을까 하는 생각을 해 보았다. 한동안 이 차를 마시면서 주변 지인들에게 자랑을 하기도 했다.

이번에는 간쑤성(甘肅省) 우웨이(武威)에 있는 사막공원(沙漠公园)을 갔을 때다. 주변에 가꾸어진 꽃길을 따라 한참을 걸었다. 조그마한 호수의 나무 그늘에서 사람들이 더위를 피하고 있다. 낚시를

중국 유랑 상

하는 사람들이 보이고, 상점과 식당이 있는 곳에 앉아 차를 마시고 있는 사람들도 있다.

그런데 이곳에서 사람들이 뚜껑이 있는 유리그릇 속의 차를 마시고 있었다. 차의 이름이 '싼파오타이(三泡台)'라고 한다. 뚜껑을 열어보니 약간의 찻잎과 함께 대추와 뭔지 모를 둥근 조그만 열매 과일이 들어 있다. 냄새를 맡아보니 한약 같은 향기가 풍겼다. 조금 맛을 보았는데 단맛이 있고 그리 거부감은 없다. 사람들은 차를 마시고 다시 끓는 물을 부어 놓곤 한다.

주인에게 물어보니 차의 향기가 사라질 때까지 마시면 된다고 한다. 나도 호기심에 점심과 함께 차 한 잔을 부탁했다. 의외로 찻값이 비쌌다. 지금의 기억으로는 런민비 10위안을 준 것으로 생각된다. 나는 이 차를 여섯 번 정도나 물을 붓고 마시고 하면서 오후의 더위를 식혔다. 그런데 이상하게도 단맛의 느낌은 조금도 줄어들지 않았다. 내가 중국 여행을 하면서 차에 대한 인상이 잠시나마 바뀐 '싼파오타이'에 대한 기억이다. 사실 나는 차를 마시는 것에 대한 습관이 안 되어 여행하면서 무심히 스친 적이 대부분이다.

한 번은 후베이성 리촨(利川)에서 유명하다는 텅롱동(등룡동, 騰龙洞)을 구경하고 다음 날 모도(謀道)라는 작은 마을의 어목채(魚木寨)를 찾아 나섰을 때의 일이다. 산길을 급히 올라서인지 무척 더운 여름 날씨에 갈증을 심히 느끼고 있었다. 한 가정집에 들르니 할아버지 한 분이 그늘진 집안 창고에서 더위를 피해 쉬고 계셨다. 할아버지는 반갑게 맞아주면서 차를 내어 주셨다. 이열치열을 실감하는 기분으로 따끈한 차를 몇 잔 거푸 마셨다. 할아버지에게 차의 이름을 물어보았다. 후베이성 서부 지역인 언스(恩施), 리촨(利川)에서 생산되는 아주 유명한 '푸시차(부서차, 富硒茶)'라고 한다.

시장기가 있을 때 음식이 맛있듯이 갈증이 있을 때 마신 이 차의 맛을 잊을 수가 없었다. 원래 차라는 것은 맛도 중요하겠지만 차를 음미하면서 같이 마시는 사람과의 마음을 교감하는 것도 중요하다. 나는 할아버지와 계곡 건너편의 산천을 바라보며 몇 마디를 주고받았다. 그리고는 할아버지가 주신 찻잎과 어목채를 나오면서 한 봉지의 푸시차를 기념으로 챙겼다.

끝으로 우리나라에서 중국의 차를 말한다면 푸얼차(보이차, 普洱茶)를 빼놓을 수 없다. 윈난성 징훙(景洪)에 갔을 때 며칠을 두고 차밭만 다닌 적이 있다. 윈난에는 다섯 군데의 유명한 차밭이 있다고 한다. 다리(大理) 지역, 바오산(保山) 지역, 린창(臨沧) 지역, 푸얼(普洱) 지역, 징훙(景洪) 지역이다.

그중에서도 징훙 지역이 차의 질이 제일 좋다고 한다. 그래서 징훙 지역에서 가까운 멍하이(勐海)의 운차원(云茶园)과 푸얼(普洱)의 차박원(茶博苑)을 다녀 보았다. 하지만 가장 유명한 이우(易武)라는 곳은 징훙에서 동쪽으로 세 시간 거리에 있다. 시간 개념으로 보면 멀리 떨어져 있어 보이지만 교통이 그리 좋지 않은 관계로 세 시간이 필요하다.

이우에 도착하여 숙소를 정하려고 기웃거리고 있는데 우연히 광둥성 광저우에서 온 부부를 만났다. 차밭을 보려고 왔다는 나를 데리고 차밭을 안내했다. 차에 대한 모든 내용을 기록하면 아마 허풍을 조금 피워서 소설집 한 권은 나올 법하다.

이곳은 집집마다 찻잎을 마당에 널어놓고, 시간이 날 적마다 커다란 솥에 넣고 볶기 작업을 한다. 부부는 차를 음미하는 곳에서도 나에게 쉴 새 없이 차에 대한 설명을 쏟아냈다. 만나는 사람들마다 한국인이라는 이름으로 후한 대접을 받은 것은 말할 나위도 없다. 우리나라 스님들이 다녀갔다고 하면서 함께 찍은 사진을 자

윈난성 이우(易武) 푸얼차 공장

랑스럽게 보여 주는 분도 있다.

상하이나 광둥성에서 온 차(茶) 도매상들은 이곳에서 상주하고 있을 정도다. 그들은 질 좋은 찻잎을 구해 상하이, 광저우로 운송하는 작업을 하고 있다. 이튿날에도 이 부부는 직접 차를 만드는 제조 공장을 견학시켜 주었다. 공장 주인은 아버지의 대를 이어 차를 제조하고 있는 분이다. 그는 아버지가 1996년에 제조한 원형의 보이차를 보여 주면서 자랑을 아끼지 않았다.

중국에서 제일 좋은 차가 '보이차'냐고 물어보았다. 그는 푸젠성에서 생산되는 차 중에 보이차보다 몇 배나 값이 나가는 차도 있다고 한다. 정말 중국인의 차에 관한 관심과 집착을 짐작할 만했다. 오래전 푸젠성(福建省) 우이산(武夷山)에 갔을 때 우이옌차(武夷岩茶)와 테관인차(철관음차, 铁观音茶)에 대해서 이야기를 들은 적이 있다. 이들도 우롱차의 일종이다.

나중에 동북을 여행하다가 우연히 테관인차를 맛보는 기회가 있었지만 구수했다는 느낌 외에는 명성에 걸맞은 맛을 잘 음미하

지는 못했다. 무엇이든 관심이 있는 만큼 그 의미를 느끼게 되는
가 보다.

차는 단순히 마시는 데 의미가 있는 것은 아니다. 차를 마시면
서 서로의 마음을 공유하는 시간이고 기회이다. 차를 음미하는 데
는 차도(茶道)라는 말이 자주 인용되곤 한다. 인터넷을 찾아보았더
니 이렇게 쓰여 있다. '차도란 차의 잎을 수확하여 여러 단계의 가
공과정을 거쳐 마시기까지의 행위이다.'라고.

한 잔의 차를 마시는 것이 너무 어렵다. 그러나 우리는 사람을
만나거나 누구인가를 초대하면 으레 한 잔의 차를 불쑥 권하는 것
이 일반적인 행위이다. 앞으로 우리가 차를 마시면서 이런 차에
대한 도(道)를 얻는다면 얼마나 좋은 일일까 곰곰이 생각해 본다.
그래서 술과 차(茶)가 있는 곳에서 시인은 즐거웠나 보다.

중국의 종교

　　중국인의 종교관을 얼핏 보아서는 이해하기가 쉽지 않다. 이것은 다시 말하면 뚜렷한 종교관을 가지고 있지 않다는 의미로도 해석할 수 있다. 가정에 가보면 신앙이라기보다는 돌아가신 조상이나, 살아가면서 본받을 만한 인물, 옛 성인 등을 모셔두기도 한다. 그리고는 그곳에다가 불을 피워 놓고 잠시 허리를 굽혀 몇 번의 절을 하는 것으로 아침을 시작한다.

　　그래서 푸짐한 배를 내밀고 앉아있는 달마대사 외에도 옛 성현인 공자, 소설 삼국지의 명장인 관우, 현세의 정치적 지도자인 마오쩌둥 주석 등을 집안에 모셔둔 것을 종종 보기도 한다.

　　일반적으로 중국인들이 믿는 종교 중에서 불교를 믿는 사람들이 많은 것 같다. 불교 또한 분파도 많아서 특별히 깊이 이해하고 싶지도 않고 이해할 수도 없다. 인터넷에서 검색해보니 남방의 소승불교와 북방의 대승불교로 나누고, 우리나라에서는 조계종, 천태종, 태고종이라는 종파로 나뉘어 있다. 중요한 것은 크게 보아 동양에 불자들이 가장 많다는 것이다. 그리고 중국의 쓰촨성을 중심으로 서부지역을 여행하다 보면 티베트를 중심으로 하는 라마 불교가 새삼스레 눈에 들어온다. 티베트를 가면 불교에서도 또 다른 불교를 느낄 수 있다. 일반 불교는 회색의 승복을 입고 참선이나 염불하면서 수도를 한다. 라마 불자들은 붉은색의 승복을 입고 마니차를 돌리며 라마탑을 돌기도 하고 오색의 천을 달고 있는 긴 줄을 널어놓은 '타르초'와 '롱다'라는 것을 돌면서 자신과 가족의 안녕과 소원을 기원한다.

또 하나의 종교로는 명산을 중심으로 도교(道敎)와 유교(儒敎)가 성행하기도 한다. 이 두 종교는 사실상 도가사상과 유가 사상이라는 학문에 불로장생이니 신령의 모호함을 실어 사람들의 정신적 위안을 주는 종교로 생겨나기도 했다. 때로는 후한 말 혼란한 시기에 도교의 일종인 오두미교(五斗米敎)라는 신흥 종교가 생겨났다가 사라지기도 했다.

중국 서부지역 특히 간쑤성과 신장웨이우얼자치구 그리고 닝

쑤성 핑량 공동산

중국 유랑 상

샤후이족자치구 지역은 회교라는 이슬람문화가 발달하였다. 한창 불교문화가 발달했던 당나라 시기에 서역의 이슬람문화권 민족과 싸워 패하면서 서쪽으로 이슬람문화권이 형성되었다고 한다. 이 밖에도 여행하다 보면 가끔 기독교나 천주교도 눈에 들어온다.

종교가 우리 인간에게 주는 영향은 매우 크다. 어떤 이는 사회가 두려운 인간이 종교를 만들었다고 한다. 아마 인간은 알 수 없는 신의 존재에 자신을 묻어두고 싶은 심리가 있는가 보다. 우주의 탄생이 인간의 힘으로 이루어진 것이 아니라는 것을 잘 알고 있기 때문이다. 우리 인간도 위대한 자연의 작은 티끌에 지나지 않는 존재라는 것을 안다면 더욱 신의 존재에 매달리고 싶을 것이다.

간쑤성 핑량(平凉)에서 멀지 않은 곳에 도교의 성지인 쿵퉁산(공동산, 崆峒山)이 있다. 이곳을 서두로 이야기하려는 이유가 한 가지 있다. 이 쿵퉁산이 중국에서 도교, 불교, 유교가 함께 공존하는 유일한 산이라고 한다. 소설 무협지에 언제나 등장하는 우당산의 우당파(무당파), 쓰촨성 어메이산의 어메이산파(아미산파) 그리고 숭산의 샤오린쓰파(소림사파)라는 무림의 세계가 있다. 쿵퉁산 역시 쿵퉁파(공동파)라는 무림계의 무술을 통해 심신을 수양한 곳이기도 하다.

도교는 벽이든 사원의 마당이든 태극무늬가 크게 그려져 있다. 그러므로 사원에 들어가면 도교사원임을 금방 알 수 있다.

이곳 사원을 구경 온 란저우(란주)의 우정국 직원을 만났다. 그는 장시성 잉탄(鹰潭) 룽후산(龙虎山)과 쓰촨성 두장옌(都江堰)의 칭청산(青城山) 모두 도교의 발원지라고 한다. 도교에 대한 학문적 지식을 미뤄두고 자연 풍광에 젖어 쿵퉁산을 다녔다. 그는 시안

가까이 있는 푸펑(扶风)현의 법문사를 들러보라고 권한다. 절의 규모에 놀라기도 하고 많은 서양인도 수행하러 온다고 한다. 오늘 하루는 란저우의 우정국에 근무하는 분을 따라 쿵퉁산을 함께 했다.

간쑤성 핑량을 떠나 바오지(宝鸡)에 도착했을 때 우정국 직원의 말에 따라 법문사를 들렀다. 법문사는 산시성 시안(西安)과 바오지 중간인 푸펑현에 자리 잡고 있다. 법문사는 자연재해로 폐허가 되다시피 했었다. 다시 복원하는 과정에서 수많은 불교의 진기한 보물이 발견되면서 최고의 사찰로 알려지게 되었다. 지하의 찬란한 불상들을 모셔둔 곳과 불교 행사를 할 수 있는 엄청나게 넓은 광장이 인상적이었다.

2007년 여름 산시성 헝산(항산, 恒山)을 갔을 때의 기억이다. 이 헝산도 도교의 성지이다. 도교 신자가 양손을 배에 가지런히 붙이고 걷기에 의미를 물었다. 그들은 양손의 엄지손가락을 끼고 왼쪽 손바닥이 오른손 등을 덮는 듯이 하고 다닌다. 왼손은 하늘이고 오른손은 땅으로서 하늘이 땅을 덮고 있는 의미라고 말했다.

케이블카를 타고 헝산에 오르면 제일 먼저 구천궁(九天宫)이라는 사원에 이른다. 구천궁에 이르니 내가 묵은 숙소에 있던 젊은 남자 주인이 벌써 와 있었다. 그는 구천궁에서 어느새 도교의 복장을 하고 있었다. 의아스러워 언제 올라왔느냐고 물었다. 그는 숙소를 운영하는 사람과 쌍둥이라고 하기에 한참을 웃었다.

이 헝산을 오기 직전에 현공사(쉬엔콩스)를 들렀었다. 북위(北魏) 말기에 건설된 현공사도 중국에서 보기 드문 유, 불, 도의 삼교 합일의 사원이라고 한다. 커다란 암벽에 그림을 붙여놓은 듯한 모양을 한 현공사는 평범한 나무 기둥에 간신히 의지하여 지탱하고 있다. 커다란 암벽을 타고 물감을 칠하여 그린 듯 붙어있는 절의 모습이다. 좁은 통로를 따라 둘러보고 난 후로도 발길을 돌리기가 여간 아쉽지 않았다. 관광객 삼백 명이 동시에 현공사 안을 다니며 관람할 수 있다고 한다.

현공사를 바라보며 식사하고 있는데 옆의 독일 사람이 서투른 젓가락질을 하고 있었다. 내가 보란 듯이 멋지게 젓가락질 솜씨를 보이고 있으니 자꾸 바라본다. 보다 못해 그녀의 손을 잡고 젓가락질하는 방법을 대충 가르쳐 준 기억이 새롭다.

2010년 여름에도 후난성 헝산(형산, 衡山)을 다녔다. 형산을 오르는데 무슨 의식이 있었는지 '남악진향(南岳進香)'이라고 쓰인 천을 목에 걸고 커다란 향을 손에 든 채 수많은 사람이 산을 오르고 있다. 한 아가씨에게 물었더니 마침 지금이 '진향절(進香節)'이라는 기간으로 분향과 불공을 드리기 위해 최고봉인 축융봉의 축융전(祝融殿)에 가고 있다고 한다.

이렇게 산에는 절과 도교사원이 혼재하여 있고 사람들은 기도를 통하여 소원을 빈다. 장래의 희망, 가족의 건강, 남녀 간의 사랑, 부자가 되는 소원 등의 꿈을 이루기 위해서 부단히 산을 오른

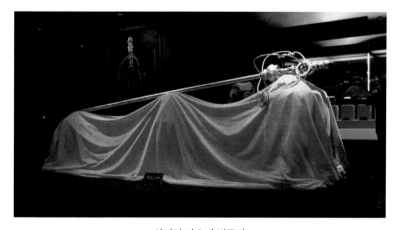

산시성 바오지 법문사

다. 그곳에는 인간이 의지할 수 있는 신(神)이 있기 때문이다.

어느 때는 라마 불교 사원을 찾아다닌 적도 많았다. 라마 불교는 대부분 중국의 서쪽 간쑤성과 쓰촨성, 네이멍구 그리고 윈난성 북부에 분포하고 있다.

라마 불교는 티베트 불교를 말한다. 인도에서 전래하여 이곳의 전통적 신앙인 본교(本敎)의 일부와 접합함으로써 새로운 형태의 라마교로 변화되었다. 달라이 라마를 종교의 지도자로 믿고 있으며, 인간의 영혼은 죽음과 삶의 순환을 통하여 언제나 영원하다고 믿는다. 라마교는 마니차를 돌리며 경전의 글을 마음에 새기고, 오체투지를 통하여 육신의 고통보다 내세의 더 나은 영혼의 세계를 기원한다.

내가 제일 처음으로 접한 라마 불교 사찰은 윈난성 루구호(泸沽湖)에 있는 짜메이쓰(扎美寺)라는 사찰과, 지금의 샹그리라(香格里拉)라고 하는 중전(中甸)의 쑹찬린쓰(松贊林寺) 사원이다. 전혀 준비된 지식이 없는 상태에 접한 사찰이지만 단순히 보고 느끼는 일반 사찰과는 달랐다. 하지만 그 당시에는 스투파, 마니차, 롱다 등등의 단어만으로 티베트 불교라고 인상 지어지고 있었을 뿐이다.

그 후로 칭하이성 시닝(西宁)의 타얼쓰(塔尔寺)를 시작으로 세계 불가사의의 건축물로 알려진 티베트의 포탈라궁(布达拉宫)과 조캉 사원, 간쑤성 샤허(夏河)의 라부랑쓰, 쓰촨성 서부 리탕(理塘)의 리탕사, 써다(色達)의 오명불학원 등을 다녔다. 모두 티베트 불교의 상징적인 사찰들이다.

이 라마 불교는 라마탑이라는 스투파가 있는데 신자들이 탑 주변을 돌면서 현세와 내세의 안녕을 끊임없이 기원하고 있는 것을 볼 수 있다. 티베트에서 카일라스산을 향해 가다가 이런 광경을 보고 한 노인을 따라 그분의 집으로 들어갔다. 낮인데도 어두컴컴하였고 전기도 없어 작은 창문으로 들어오는 한 줄기 빛에 의지하고 있다. 흙벽 한 편에 놓인 침상에 앉으라고 권하고는 나에게 보리빵을 건네준 노인이 성자처럼 다가왔다.

길을 가다 보면 돌이나 산언덕에 경전의 글을 남겨놓은 것을 보기도 한다. 흔히 우리가 말하는 '옴마니밧메훔'이란 의미의 글이라고 한다. '옴마니밧메훔'은 불교의 '관세음보살 나무아미타불'과 비슷한 뜻이라고 한다.

근래에 중국 동북 3성을 여행하다가 네이멍구의 우란하오터(乌兰浩特)라는 곳에 라마사원인 갈근묘(葛根庙)를 가보았다. 우선 규모의 크기에 놀랐지만 동북 지방에 티베트 불교가 있다는 사실에도 놀랐다. 어쩌다 찾아간 사원의 법당에서 하룻밤을 자게 되었다. 내 평생 다시 오지 않을 경험을 이곳에서 했다. 뒷산의 불상을 보면서 많은 상념에 젖기도 한 시간이었다.

다음은 후이족(回族)에 대해서 알아보았다.

중국에서 후이족이라고 하면 서남아시아의 이슬람교를 믿는 사람들을 말한다. 회교사원은 신장웨이우얼자치구는 물론이고 주로 칭하이성 시닝(西宁)과 닝샤후이족자치구의 인촨(銀川) 등지에서 많이 볼 수 있다. 이들은 사원의 이름에 '칭전따쓰(清真大寺)'라는 이름을 붙인다. 그 앞에 동서남북의 방향을 더해 뚱꽌칭전따쓰(东关清真大寺) 난꽌칭전따쓰(南关清真大寺)라고 하는데, 서관 북관이란 이름으로 붙여진 사원은 들어보지 못했다.

이슬람 사원의 형태는 사각형 건물로 되어 있다. 사원 안에 광장을 두고 있으며 모서리나 정문에 돔 형태의 둥근 지붕을 만든다. 그리고 돔의 정상에는 철심을 높여 초승달을 만들어 놓았다. 이슬람에게 초승달의 의미는 매우 중요한데 모하메드가 알라로

닝샤후이족자치구 인촨 회교사원

부터 최초의 계시를 받을 때 초승달과 샛별이 떠 있었기 때문이라고 한다. 초승달은 알라의 진리가 인간에게 전해지기 시작했다는 상징이다.

어쩌다 이란도 한 달간 여행할 기회가 있었다. 이때 이슬람교의 종교의식을 자세히 보았다. 길을 지나다 아니면 잠자리에서 스피커를 통해 가끔 방송이 들려온다. 이들은 이슬람의 경전인 코란을 들고 알라를 향해 무릎을 꿇으라 한다. 이슬람에서 예배 시각을 알리기 위해 육성으로 외치는 사람을 '무아진'이라고 한다. 메카를 향하여 유일신으로 믿는 위대한 알라와 기쁨을 늘 함께하라고 또 외친다.

한 모스크에서 기도 시간에 더위를 피하려고 에어컨이 있는 기도실에 들어가 앉아있었다. 한 젊은이가 경전을 손에 들고 들어오더니 늠름한 자세로 벽을 보고 잠시 서 있다. 두 손으로 경전을 받쳐 든 자세를 하고는 무릎을 만지듯 잠시 허리를 굽혔다가 일어선 후 이내 두 번 절을 한다. 다시 일어나 두 손을 귀에 가까이 대고 알라의 계시를 들으려 하는 자세를 취한다. 그 후 두 손으로 다시 무릎을 만지듯 하고 일어나 절을 두 번 하는 기도를 세 번 정도 반복한다. 마지막 절은 땅바닥에 입맞춤하는 자세를 보이면서 끝낸다.

기도 시간은 한 10분 정도지만 하루에 5번 정도 한다. 이렇게 알라신을 향한 그들의 기도는 매일 이어지고 있다. 내가 묵었던 숙소의 한편에도 손님을 위해서 기도의 장소는 제공되고 있었다.

이제 성경의 말씀에 귀를 기울이는 천주교나 기독교를 가보자. 중국을 다니다 보면 가끔 천주교(天主敎)를 보기도 한다. 구이저우성의 안순(安順)에서 보았고 툰바오(屯堡) 마을에서도 보았다. 한번은 산시성 린펀(臨汾)에서 중국 신부님을 만나기도 했다. 내가 천주교 신자라고 말했더니 아주 반가워하셨다. 젊은 신부님은 터미널에서 차표를 끊어 주면서 잘 가라고 성호까지 그어 주셨다.

2014년 겨울 윈난 서북쪽의 미얀마 접경 지역에 리수족 자치현을 다닌 적이 있다. 이곳에 추나통(秋那桶)이라는 작은 마을이 있는데 누족(노족, 怒族)이라는 소수 민족이 살고 있다. 이 마을 사람들은 모두 천주교 신자들이다. 마침 일요일 정오에 마을 사람들 전체가 성당에 모여 미사를 보는 장면을 볼 수 있었다. 신부님은 보이지 않았지만 신도들은 성경책을 들고 몇 사람이 교대로 소리 내어 암송을 한다. 이들은 미얀마 국경을 넘어 온 서양인 신부들의 신앙 전파에 의해 모두가 천주교를 믿고 있다고 한다.

그리고 같은 해 3월에 윈난 북서부 더친(德欽)의 매리설산(梅里雪山)을 둘러보고 다리(大理)로 오는 길에 츠중(茨中)이라는 곳을 들렀다. 이곳에 유명한 천주교 성당이 있는데 200년 전 프랑스 신부

윈난성 빙중뤄 누족 성당 미사 모습

가 와서 세웠다고 한다. 이곳을 찾아가 신부님을 뵙고 이야기를
나누었다. 신부님이 천주교 신자라는 말을 듣고는 성경책을 선물
로 주셨다. 한동안 이 성경책을 배낭에 지고 다니느라 무척 고생
한 기억이 있다.

세계 어느 나라도 종교가 없는 나라는 없다. 불교, 기독교, 천주
교, 이슬람교라는 굵직한 이름의 종교 외에도 나라마다 믿고 있는
원시 종교도 수없이 많다.

종교란 무엇일까? 내세의 안녕을 위해서 아니 영혼의 구원을 위
해서?

그러면서도 종교가 전쟁의 실마리가 되는 이유는 무엇일까?

세상이 인간의 마음과 생각대로 되지 않는 것은 하느님도 어쩔
수 없는가 보다. 지구상에 종교와 종파가 달라도 각각 그들이 믿
는 신은 사랑과 용서 그리고 영혼의 자유로움을 위해 존재했을 것
이다. 신은 살인과 탐욕을 바라지 않았다. 그런데 인간은 종교를

나라의 이기로 만들어 살육과 탐욕을 일삼고 있지 않은가. 평화는 그리 쉽게 이루어지지 않는가 보다. 그래서 철학자 니체는 '신은 죽었다'고 말했는지도 모른다.

중국 4대 사찰(寺刹)이 있는 명산

중국의 불교문화를 잘 간직하고 있는 사찰들이 있다. 특히 4대 사찰이라 불리는 어메이산(峨眉山, 아미산), 푸퉈산(普陀山, 보타산), 우타이산(五台山, 오대산), 주화산(九华山, 구화산)에 있는 사찰이다.

특이한 것은 이곳의 사찰에 모신 보살이 각각 다르다. 네 분의 각기 다른 보살을 이 네 곳의 사찰에 모셨기에 4대 사찰로 지정되지 않았나 생각된다. 네 분의 보살이 상징하는 의미가 다 있다. 보현보살은 자비를 상징하고, 문수보살은 지혜를 나타내고, 관음보살은 중생을 구제하는 구원의 상징이고, 지장보살은 인간의 윤리적 행위를 강조하는 효행을 상징한다.

우선 4대 사찰 중 제일 먼저 들른 곳이 어메이산(아미산)이다.

세계문화유산으로 지정되어있는 어메이산은 명색이 쓰촨성 제일 명산으로 알려져 있다. 지난밤에 내린 어메이산에 비가 오늘 온종일 아미산어메이산을 안개 속에 몰아넣고 있다. 어메이산의 최고봉에 있는 진딩(金頂)을 향하면서 처음 본 사찰이 지에인스(接引寺)이다.

여기서 케이블카를 타고 오른다. 궂은 날씨 속에서도 관광객이 얼마나 많은지 케이블카를 타려고 기다리는 시간도 무척 길었다. 오랜 기다림이 지난 뒤 오후 1시에 진딩에 도착했다. 어느 절이든 불자들은 사서 온 긴 향초에 불을 붙여 기도한 후 사각형의 분향판에 꽂아 놓는다. 진딩 아래는 엄청난 낭떠러지라고 하지만 안개로 인하여 전혀 볼 수가 없었다. 옥불전 안으로 들어갔다. 스님이 불경을 암송하다가 불자를 만나면 친구처럼 웃으며 담소를 나누는 모습이 편안하게 느껴진다.

진딩의 마당에 앉아 안개가 걷히려나 하는 작은 기대로 머물러 있었다. 가끔 비껴가는 안개 사이로 내려다보이는 봉우리들이 야속하기만 하다. 진딩을 내려오면서 어메이산의 특산품인 '자마설(芋磨雪)'이라는 산야초를 보았다. 어제 저녁에 귀한 것이라고 음식점 주인이 맛보라고 준 반찬이 생각났다. 이 '자마설'은 부들부들한 수세미 형태의 산야초인데 특별한 맛은 없다. 특별한 약초는 맛이 중요한 것이 아니다. 내 몸 어딘가에 특별하게 쓰였을 거리는 기분으로 먹었으면 족하다.

오후가 되어서야 안개가 조금 걷히니 깊은 산중에 있음을 실감했다. 안개는 바람을 타고 수시로 오고 가기를 반복한다. 이럴 때마다 바뀌는 자연의 풍경도 나름대로 장관을 연출해내고 있다. 코끼리를 탄 불상을 모셔 둔 완니엔스(萬年寺)와 대나무 숲길로 둘러싸인 바오구어스(報國寺)를 끝으로 러란(낙산) 대불로 떠났다.

다음으로 저장성 닝보(宁波)에서 장서(藏書)가 잘 보존된 천일각과 범씨집을 둘러보았다. 그리고 범씨집 바로 옆에 있는 도심 속

우타이산

의 작은 공원인 월호(月湖)를 걸었다. 내가 여행자임을 알고 중국인이 푸퉈산을 가보라고 권한다. 4대 사찰 중 푸퉈산은 유일하게 섬에 있는 사찰이다.

푸퉈산을 가고자 부두에 도착하여 저우산(舟山)가는 배를 탔다. 저우산에 도착하니 또 배를 타고 들어가야 한다. 부두에 세워진 작은 어선이 끝없이 이어지는 광경도 볼만하다.

푸퉈스에 도착하여 제일 먼저 마주한 것은 관음고동(觀音古洞)과 바위에 기이하게 올려진 작은 바위의 벽타석(碧陀石)이다.

푸퉈스의 중심이 되는 보제선사(普濟禪寺)가 눈에 보인다. 보제사는 북송 때 건립되었고 청나라 강희 38년에 보제사라고 했다. 의아스러웠지만 이곳에서도 라마승들의 오체투지 기도하는 불자가 있다.

보기에는 경치가 그렇게 빼어난 곳도 아니고 특별히 명산이라고 할 만한 산도 아니다. 하지만 네 분의 보살 중 관세음보살을 모신 곳이기에 불교를 믿는 불자들에게는 의미 있는 사찰이라고 볼 수 있다.

산시성을 여행할 기회가 있었다. 잉현(應县)의 유명한 중국 최대의 목탑을 보고 우타이산(오대산)으로 가는 버스에 대만 관광객이 함께했다. 우타이산에 도착하니 사원 한가운데 티베트의 라마교에서 볼 수 있는 커다란 스투파 하나가 눈에 들어왔다. 이곳은 동양의 일반적 불교와 티베트의 라마교가 같이 공존하고 있다.

우타이산은 다른 사찰과는 달리 절들이 흩어져 있어 관람하기에는 많은 시간이 필요하다. 처음으로 본 셴통스에는 양쪽에 가늘고 길게 선 철당간이 있다. 나의 고향 속리산 법주사의 철당간이 생각났다. 이 철당간이 어릴 적에는 절의 사유 재산을 표시하는 경계로 알고 있었다. 일반적으로는 깃발을 달거나 불화(佛畫)를 그린 기를 달아 세우는 데 쓴다.

보살정에도 올라 사찰과 마을이 함께 어우러진 광경을 내려다보았다. 회색의 승복을 입은 승려와 붉은색의 옷을 입은 승려가 사찰의 조그만 공간에서 두 패로 갈라져 앉아있다. 회색 옷이 동양의 일반적인 불자이고 붉은색의 옷은 티베트의 라마교 불자의 의상이다. 우타이산은 동서남북 네 곳과 가운데 중(中)을 합쳐 다섯 곳의 봉우리가 있어 우타이산이라는 이름을 얻었다.

다음 날은 수많은 계단을 올라 오방문수전(五方文殊殿)에 도착했다. 한동안 난간에 기대어 부처님께 나의 몸을 의탁했다. 힘들게 올라온 나의 땀을 부처님이 식혀줄 때까지…….

스님이 불경을 열심히 읽고 있다. '책을 읽는 여인의 모습은 아름답다.'라고 하듯이 한 가지 일에 몰두하고 있는 사람의 모습에는 욕심이 없어 보인다. 난산쓰(南山寺)에서는 대학교 2학년인 중국인 남학생을 만났다. 난산쓰는 우타이산에서 제일 큰 절이고 벽에는 《삼국지연의》의 이야기를 섬세하게 조각해 놓은 조각품들이 걸작이다. 친절하게 설명을 잘해준 학생과 헤어지는데 관음동에 가면 샘물을 얻어 마실 수 있다고 한다.

우선 '량편(涼粉)'이라는 국수로 허기를 때우고 관음동으로 향했다. 사람들이 굽어진 계단 길을 올라가는 곳으로 따라가니 스님 한 분이 좁은 동굴의 바위에서 조금씩 흘러나오는 약수를 주고 계셨다. 이 물도 중생에게 보시(布施)하는 시간이 있는지 한 그릇씩 주고는 문을 닫아 버렸다. 이 물을 마신 나는 분명히 천수를 누릴 거라고 확신했다. 온종일 사찰을 누빈 후 타이위안(太原)으로 향하는 차에 올랐다. 석양이 내려앉는 차창에 부처님이 동행하는 기분이다.

잠시 부연해서 말하면, 간쑤성 장예(张掖)의 대불사(大佛寺)에 길이가 약 40m 정도 되는 와불이 모셔져 있다. 삭막한 사막의 도시라고만 여겼던 장예에 커다란 습지공원을 둘러보고 찾아간 대불사다. 대불사 안으로 들어가니 어두컴컴하여 내부를 잘 볼 수가 없다. 관광객이 나가고 감시원이 없는 틈을 타 머리 부분쯤으로 생각되는 곳에서 플래시를 터트렸다. 찍힌 사진 속 와불의 얼굴이 무척 선명하게 나왔다. 간쑤성 여행 중 최고의 사진 한 장이라는 생각이 들었다.

겨울에 찾은 안휘성의 주화산은 눈으로 덮여 있었다. 빼어난 풍광을 자랑하는 주화산은 중국 사찰 중 어디에도 뒤지지 않는다. 마음의 준비를 단단히 하고 겨울 산길로 접어들었다. 관음동을 시작으로 라오후둥(老虎洞)을 지나 만복사와 백세궁에 도착했다. 눈 덮인 백세궁은 오백나한이 모셔져 있다. 이곳 사람들은 눈을 치우느라 바쁘게 움직였고, 불자들은 불공을 드린다고 분주하다.

눈을 치우고 계신 96세의 노스님은 불법을 설파하시고자 중국 사찰을 두루 다니신다고 한다. 사람들은 이렇게 만난 것도 큰 행운이라고 기념사진을 남기느라 모여들었다. 다음으로 간 동애선사(東崖禪寺)에 모신 불상은 수십 개의 팔을 휘두르며 힘들게 찾아온 이 못난 중생을 반갑게 맞이하여 주었다. 첩첩이 산으로 둘러싸인 봉우리들을 보니 모든 것을 품에 안은 기분이다. 1,400년이나 되었다는 봉황송이라는 소나무를 보면서 잠시 휴식을 취한 후, 저 멀리 맞은편에 보이는 높은 정상까지 올라갈 힘을 비축했다.

서둘렀다. 오르고 오른 천태봉은 해발 1,306m인데 만산이 아래로 보였다. '여기를 와 보지 않고 주화산을 올랐다 말하지 말라.'는 천태봉이다.

이 주화산은 김동리의 〈등신불(等身佛)〉이라는 소설 속에 사연이 있다. 1943년 한 청년이 일본에 학도병으로 끌려갔다가 살생의 두려움으로 탈출한다. 우연히 정원사의 금불각을 보고 충격을 받고는 불교에 귀의한다는 이야기이다.

간쑤성 장예 대불사의 와불

윈난(云南)을 여행하면서 지주산(鸡足山)에 있는 절이 유명하다고 하는 말을 들었다. 게다가 이 절이 중국의 5대 명산 5대 사찰 중의 하나라고 한다. 2015년 봄 쿤밍에 도착하자마자 제일 먼저 찾아간 곳이 바로 이 지주산이다. 지주산은 쿤밍에서 서쪽으로 약 8시간 걸려 빈촨(宾川)이라는 도시에 가서 다시 차를 갈아타고 들어가야 한다. 차에서 내려 숙소를 정한 곳은 숲속의 조용한 객잔(客栈)이었다. 축성사(祝聖寺)가 멀지 않아 어둠이 내릴 즈음 사찰을 둘러보고 숙소로 돌아왔다.

숙소에 마침 아가씨 둘이 내일 지주산을 오른다기에 같이 가자고 청했다. 새벽에 일어나 우리 셋은 어두운 밤길을 걸어 산행을 시작했다. 함께한 아가씨들은 윈난 취징(曲靖)이 고향이고 다리(大理)에서 공부하는 대학생들이다.

나뭇잎 사이로 달빛과 함께 바람 소리가 스쳐 지나가는 이른 새벽의 산길을 얼마쯤 올랐을까? 3시간을 올라서 정상에 다다랐다. 저 멀리 여러 겹의 능선들이 한눈에 들어왔다. 새벽 태양의 붉은 빛이 서서히 떠오르고 있었다. 온 산하가 밝아오는 가운데도 저편에 보이는 달은 가라앉지 않고 있다. 세찬 바람이 휘몰아치는 지주산은 이렇게 새벽을 맞고 있다.

새벽 기온이 겨울 날씨에 못지않은 추위를 보인다. 그런데도 사찰에 들어서니 우리보다 먼저 오른 사람들도 몇몇 더 있다. 정상에 있는 백탑을 뒤로 한 진딩스(金顶寺) 사찰은 해발 3천 미터 이상의 높은 곳에 있다. 이곳에서 바라보는 사방의 경치는 가히 천상에 있는 기분이 들 정도다. 일출과 운해가 장관이고 맑은 날씨에는 다리(大理)의 얼하이(洱海)와 리장(丽江)의 위룽쉐산(玉龙雪山)이 보인다.

안휘성 주화산

    그런데 산을 오르면 최고봉에 작은 절 같은 묘당(廟堂)이 있다. 어느 곳은 진딩(金頂)이란 글이 쓰여 있고 어느 곳은 진디엔(金殿)이란 글이 쓰여있다. 이 의미의 차이가 무척 궁금했지만 알고 보니 너무도 단순하다. 진딩은 산의 최고봉이라는 정상의 의미이고, 진디엔은 집의 형태인 궁전의 의미가 있다고 한다. 무엇이든 모르고 지날 때는 무척 답답하지만 알고 보면 마음까지 후련하다.

중국의 석굴(石窟)

　　　　　　중국 역사 중 황하문명 이전의 이야기는
사실 증명되기 어려운 것들이 많다. 삼황오제의 이야기는 우리나
라 단군 신화의 이야기처럼 국가 역사의 상징성만을 부각한 것이
다. 이후 중국 역사의 시작은 은나라, 주나라로 이어져 나온다.

　석굴은 역사적 자료의 보관과 관계있는 경우가 많다. 우리나라
에도 합천 해인사에 찬란한 문화유산인 자랑스러운 팔만대장경이
있다. 불교의 모든 경전을 비교 분석 정리한 팔만대장경은 대략
800년 전 몽골의 침략을 받은 후 고려 고종 대에 완성한 목판 인
쇄물이다.

　중국 역시 수많은 불교 서적이 석굴 안에 보관되어 있었다. 그
속에는 불교의 역사뿐만 아니라 국가의 역사도 함께 기록되었음
은 자명한 일이다. 그 기록물들이 외세 열강의 힘에 잠식되면서
많이 도굴되어 사라졌다는 것이다. 역사의 유무는 나라의 존망과
직결되고 있다는 것을 실감할 수 있는 대목이다.

　중국에는 유명한 석굴들이 많이 존재한다. 그중에서 흔히 4대

석굴로는 간쑤성 둔황(敦煌)의 모가오쿠(막고굴), 허난성 뤄양(洛阳)의 룽먼(용문) 석굴, 산시성 다퉁(大同)의 윈강(운강) 석굴, 그리고 간쑤성 톈수이(天水)의 마이지산(맥적산) 석굴을 말한다. 이 밖에도 간쑤성 린샤(临夏)의 빙링스(병령사) 석굴이 있고, 신장웨이우얼 지역으로 가면 투루판(吐鲁番)의 천불동, 쿠처(库车)의 키질 천불동 등이 있다.

전체적으로 볼 때 불교문화의 석굴들은 위진남북조 시대부터 시작하여 수나라와 당나라 시기에 건립되고 발전해 왔다. 아울러 이 시기가 서양과 문물교류가 왕성하게 이루어지는 시기이기도 하다. 이 석굴들은 대부분 아랍과 서양과의 상교역을 하는 실크로드 주변에 생겨났다는 것도 깊이 생각해 보아야 할 대목이다.

어떻든 처음으로 접한 투루판 천불동은 참으로 놀라웠다. 중학교 시절 사회 교과서에서 보았던 석굴이 여기에 있구나 하는 생각이 스쳤다. 천불동 내부로 들어가니 낮인데도 캄캄하다. 플래시를

신장웨이우얼자치구 투루판 천불동

신장웨이우얼자치구 쿠처 키질 천불동

비추어보니 황토색의 벽면만이 드러나 있다. 천장은 거의 훼손된 상태로 희미하게 남아있는 벽화가 안타깝게 있을 뿐이다. 이런 불행한 일이 일어나기 전 깨어있는 누군가가 없었다. 있었다면 오늘날 후대의 사람들이 얼마나 그날의 융성했던 불교문화에 감탄했을까. 여행은 계속되었다. 쿠처(庫车)에 있는 봉화대와 키질 석굴을 찾았다.

키질(克孜尔) 석굴은 조선인 화가가 석굴에 필적과 그림을 남기고 간 곳으로도 유명하다. 안내원을 따라다니면서 들여다본 석굴 역시 훼손된 상태는 마찬가지였다. 중국은 이런 중요한 문물에 언제까지 눈을 감고 있을 것인지 답답하기 그지없다. 투루판의 가오창구청(고창고성, 高昌古城)과 자오허구청(교하고성, 交河古城)을 들렀을 때도 폐허가 된 성곽들을 보고 무척 마음이 아팠다. 그런데 사진이나 캠코더를 들이대지 말라고 한다. 며칠 전 자오허구청에서는 캠코더를 들이대었다가 작심하고 미행하던 관리인에게 들켜 200위안의 벌금을 물기도 했다.

신장웨이우얼자치구의 쿠얼러(庫尔勒)에서 간쑤성 란저우(兰州)로 가는 기차에 몸을 실었다. 오후에 어둠이 내려앉을 즈음 류위안(柳园)역에 도착하여 둔황으로 향했다.

이른 아침 찾아간 모가오쿠는 토사 같은 석벽에 기대어 있는 석굴들이 나란히 늘어서 있다. 가운데 건축된 사찰 같은 건물 안의 불상이 나를 사로잡는다. 계단을 따라 걷는 사람들이 굴을 지날 때마다 머리를 집어넣듯이 기웃거린다. 안의 석벽을 보니 투루판에서 본 것과는 판이하다. 조각되고 그려진 불상들의 날아갈 듯한 형상이 마치 선녀 같다. 그러나 중요한 석굴 부분에서는 안내원이 문을 열어주지 않았다. 모가오쿠는 지금까지 허시후이랑을 지나면서 본 것 중 최고의 석굴이라 할 만하다.

이곳도 도굴의 역사는 피해 가지 못했다. 서양 사람들은 실크로드의 교역로인 이 길을 지나면서 모가오쿠가 지니고 있던 귀중한 불교 서적을 수레에 실었다. 보물 같은 진기함만을 지니고 있으면 남김없이 수레에 실었다. 중국은 문명과 문화에 눈을 뜨지 못한 가난한 삶에 시달린 대가를 치른 것이다. 그 당시는 서양 열강들에 나라를 잃은 것과 별반 다름이 없었다. 우리나라도 일본의 식민 지배하에 있었던 시절을 생각하면 소름이 끼친다. 놀랍기도 하고 슬프기도 한 모가오쿠는 이렇게 인상에 남는다.

3년이 흘렀다. 쓰촨성 뤄얼가이(若尔盖盖)까지 갔을 때, 허쭤어(合作)와 샤허(夏河)를 거쳐 린샤(臨夏)에 있는 빙링스 석굴을 찾았다. 배 주인과 뱃삯을 놓고 실랑이를 한 끝에 출발했다. 빙링스 석굴에 도착하여 불상 하나하나를 감상하며 걸었다. 하필이면 배를 타고 와야만 하는 삭막한 이곳에 이런 유물을 남겨야만 했을까 하는 물음부터 던지고 싶었다.

지프차를 몰고 다가온 운전기사가 내게 말한다. 유명한 불상을 모시고있는 사찰이 있는데 가 볼 만하다고 말한다. 허물어질 것같이 뾰족이 솟은 산봉우리들 사이로 한참을 달린 후에 사찰에 당도했다. 한 스님이 철창으로 보여 주는 자그마한 불상이 정교해 보였지만 10위안을 받고 불상을 보여 주는 것이 안쓰럽기까지 하다.

이후 충칭에 있는 다쭈스커(대족석각, 大足石刻)에 들른 적이 있었다. 맞는 말이다. 석굴이라고 하기보다는 석각이라고 표현하는 것이 더 어울리는 것 같다. 많은 관람객이 다녀가곤 했다. 충칭이라는 큰 도시에서 멀지 않은 곳이기 때문이다. 유명하다는 좌불 석각에서는 많은 사람이 안내원의 말에 열심히 귀를 기울이고 있다. 하지만 주변을 돌아보면 현재 조각되는 것들이나 재보수의 흔적들이 옛 모습의 가치를 훼손하고 있다는 생각도 해 보았다.

2년 후에는 뤄양의 룽먼석굴에 들렀다. 이허(伊河) 강물이 흐르는 석굴에 이르니 비가 오려는지 후덥지근한 날씨에 습한 기운이 몸을 파고들었다. 강변을 따라 길게 늘어선 석굴은 산의 암벽에 있는 수많은 조각상들이다. 뭐라 말할 것도 없이 눈에 들어오는 거대한 부처상이 있다. 얼굴을 보니 유난히 선하고 예쁜 모습이다. 이 불상은 은근히 측천무후의 얼굴과 유사하게 조각해 놓았다고 한다.

측천무후는 당나라 고종황제의 비(妃)로 있던 여인으로 훗날 유일하게 황제에 오른 인물이다. 이 야심적인 여인은 처음에 고종의 아버지인 태종의 비로 들어갔다. 태종이 죽자 절에 가서 지내고 있는데 태종의 아들인 고종의 눈에 들어 다시 고종의 비로 들어갔다. 그녀는 후궁들을 숙청하고 끝내는 황후까지 몰아낸 술수가 뛰어난 인물이다.

이후 고종이 병을 얻어 정사를 대신하면서 온 천하가 자신의 권

간쑤성 린샤 빙링스석굴

력하에 있게 되었다. 그 권좌를 누리기 위해 아들까지 죽였다는 말도 있다. 그러나 측천무후가 이렇게 잔악하고 사악한 사람만은 아니었다는 일화도 있다.

측천무후는 대신들에게 생일날에 고기를 먹는 잔치를 벌이지 말라고 명했다. 이를 어긴 대신을 다른 대신이 고자질했다. 이때 측천무후가 잔치를 벌인 대신을 불러 이렇게 말했다고 한다. '왜 하필 그 고자질 잘하는 대신을 생일상에 초대했느냐'고. 그러고 보면 측천무후는 고자질 잘하는 대신을 이미 알고 있었다. 하지만 이런 대신도 정사를 돌보는 데 필요했기 때문에 등용하고 있었는지도 모른다.

일설하고 룽먼 석굴을 둘러보는 내내 작은 불상들을 보니 두상이 떨어져 나가 있기도 하고 모두 코가 잘려져 있었다. 문화혁명이 주고 간 슬픈 선물이다.

문화혁명은 반세기 전 사회주의 혁명으로 중국이 혼란스러울 때 일어난 사건이다. 마오쩌둥의 주도하에 이루어진 인민 문화대혁명이다. 말로는 허울 좋은 혁명이었지만 사실은 자신의 정적인 반대 세력을 축출하는 권력투쟁이었다. 이를 위해 중국 각지의 청소년을 중심으로 한 홍위병을 조직했다. 이때 덩샤오핑도 실각하여 경운기 만드는 공장에서 기계 부품을 만드는 일을 하다가 다시 복권되기도 했다.

룽먼 석굴을 떠나려니 예전에 측천무후의 고향인 쓰촨성 광위엔(广元)의 강 건너에 있는 오노사(烏奴寺)를 들렀던 기억이 새롭다. 오노사는 후에 황택사(皇澤寺)라는 이름으로 바뀌었다면서 측천무후의 안녕을 기원하는 의미로 지어졌다고 한다.

3년 뒤 산시성 다퉁(大同)에 있는 윈강 석굴을 찾아갔다. 이 석굴이 지금까지 다녀 본 석굴 중 가장 잘 보존되어 있었다. 게다가 불상의 화려한 채색도 그다지 손상되지 않았다. 또 다른 특징은 조각된 불상 뒤로도 돌아다닐 수 있도록 설계되어 있다. 애석한 것은 이곳도 문화혁명의 찬바람이 스쳐 갔는지 훼손된 자국들이 곳곳에서 보였다.

우리나라도 세계문화유산으로 등재된 석굴암이 있다. 역사적, 문화적으로 최고의 가치를 지니고 있다는 데에 이견이 없을 것이다. 그런데 어떠한 이유로 주변을 재정비하다가 습기가 스며들게 되었다. 이에 따라 공기 건조 장치를 만들어 두었다는 이야기를 들은 적이 있어 가 보았다.

역사를 보면 석굴암이 건축되었던 시기는 신라와 당나라가 밀월 관계를 유지하던 때였다. 이때 불교문화도 인도에서 중국을 거쳐 우리나라에 들어와 불교의 융성기를 맞았다. 하지만 여러 번의 외세 침략에 우리는 많은 것을 잃었다. 우리나라의 역사와 혼이 담긴 조선왕조신록이나, 해인사에 있는 팔만대장경 등을 일본에 빼앗길 뻔했다. 빼앗겼다면 얼마나 역사를 왜곡 조작했을까 하는 생각을 하니 정말 끔찍스럽다.

간쑤성을 여행했다. 중국 4대 석굴의 하나로 톈수이(天水)에 있는 마이지산(맥적산, 麦积山) 석굴이라는 곳이다. 간쑤성 청현(成县)의 두보초당(杜甫草堂)과 서협송(西狹頌)을 보고 톈수이의 마이지산으로 출발했다. 그런데 며칠 전 계속된 폭우로 길이 막혀 다른 곳으로 돌아가야 한다는 것이다. 어떤 이는 도로에 토사가 흘러 갈 수 없다고 하고, 어떤 이는 갈 수 있다고 하는 와중에 출발했다.

어렵게 도착하였지만 마이지산을 오르는 계단이 무너져 올라갈 수가 없다는 것이다. 내부는 아쉽게도 보지 못하고 주변만을 둘러보는 것으로 만족해야 했다.

끝으로 아쉬움에 자투리로 하나 더 소개하고 싶은 곳이 있다. 저장성 진화(金华)와 취저우(衢州)의 중간에 룽여우(龙遊)라는 곳이 있다. 이곳에 가면 룽여우스쿠(용유석굴, 龙游石窟)이 있는데 이 석

간쑤성 천수 마이지산 석굴

굴이 역사적 사료 가치가 있는지 중국 TV에서 방영된 적이 있다.

우선 이곳은 지하 석굴로 구성되어 있다. 구경을 마치고 나오니 신기하게도 지상부 석굴 주변에 작은 못이 형성되어 있어 너무 놀라웠다.

2005년에 이 석굴을 보러 갔는데, 안내원의 말에 의하면 1992년에 발견됐다고 한다. 그리고 보니 발굴된 지 얼마 되지 않은 13년 전의 일이라는 것에 또 한 번 놀랐다. 이렇게 오래된 석굴이 이제야 발견됐다니 13억 인구가 어디에다 눈을 두고 돌아다녔나하는 우스꽝스러운 말이 절로 나온다.

이 석굴은 중국의 이름난 석굴과는 달리 종교적 차원도 아니고, 역사적 가치를 높일 문화적인 면도 없어 보인다. 단지 어느 부족이나 소수의 집단 족속이 주거한 석굴이라는 생각이 들었다. 그러나 이 석굴 위에 물이 흘러도 스며들지 않는 그 이유를 아무리 생각해봐도 이해가 되지 않았다.

석굴의 계단을 따라 내려갔다. 이 석굴은 몇 개의 방으로 구성되어 있다. 천장과 가까운 벽에는 말을 탄 사람과 아름다운 선녀상의 벽화가 양각으로 조각되어 있다. 작은 궁전 같은 공간에 기둥까지 만들어 조각해 놓은 것이 그럴싸하다. 기둥도 원형으로 섬세하고 균일하게 깎아 놓은 것을 보고 그 당시 놀라운 예술적 감각을 엿볼 수 있다. 약간의 수리와 보수를 하고 있는 또 다른 석굴은 기둥이 3~4개 정도 있는 넓은 공간으로 되어 있다. 아마 부족장의 회의실 정도로 이용되는 장소가 아니었을까 하는 생각이 들었다. 또 다른 석굴은 말, 새, 고기 등을 벽화로 조각해 놓았다. 최소한 그들만의 토속 신앙이 존재했을 것으로 사료되기도 하고, 자연을 숭배하고 함께 호흡하는 생활의 흔적이 보이기도 했다.

야트막한 언덕 기슭에 바위를 뚫어 주거 형태의 정교한 석굴을 만든 이들은 도대체 누구였을까.

여행 중 다시 이 부근을 지난다면 꼭 한 번 더 가보고 싶은 마음이 간절하다. 눈에 보이는 현재의 재물만이 국가의 자산이 아님을 깨닫는 여행이었다.

중국의 탑(塔)

　　　　　인간은 태고적부터 왜 탑이라는 축조물을
만들어 놓은 것일까? 탑을 쌓는 것이 무슨 의미를 가진 것인지 알
고 싶었다. 인터넷을 찾아보니 주로 불교와 관계를 맺고 있다고
한다. 특히 인도에서 부처의 분신을 화장해서 넣어둔 사리탑이라
는 형태로 발전했다고 쓰여 있다. 중국에서도 국교를 불교로 하던
시기에 사찰을 중심으로 탑이 많이 세워졌다. 국가가 융성할수록
많이 세워지고 규모도 커졌다. 어찌 보면 국가 부흥의 상징이기도
하다.

　이러한 탑들은 대체로 목탑과 석탑으로 이루어져 있고, 후대에
철을 재료로 한 철탑이 생겨났다. 라마교에서의 탑은 '스투파'라고
하는데, 주로 석가모니의 사리(부처의 열반 후 불에 태우고 남은 뼈)를
봉안하는 데 의미가 있다. 지금은 훌륭한 스님이 돌아가시면 그
유품을 넣어두는 탑을 만들기도 한다. 하지만 탑은 또 인류와 함
께 태동한 예술품이다. 어디를 가도 탑을 보면 그곳의 중심이고,
하늘을 향한 꼭짓점이다. 그리하여 원시 시대의 인간은 이 탑을

산시성 잉현 목탑

통하여 하늘로 가까이 가려는 소원을 대신했다고도 전한다. 시대
마다 축조 형식은 달리 했어도 인간이 표현하고자 하는 의미는 변
함이 없었다.

중국을 여행하면서 인상에 남았던 탑에 대해서 나름대로 생각
해 보았다.

우선 저장성 항저우(杭州)의 류허타(육화탑, 六和塔)이 여행 중에
가장 크고 화려했고, 산시성 시안(西安)의 다옌타(대안탑, 大雁塔)은
역사적 가치가 높은 것으로 기억된다. 중국의 탑들은 대부분 안으
로 들어가 올라갈 수 있도록 되어 있어 도시나 자연 풍광을 감상
할 수 있다. 그런데 조금 특이한 탑들이 있어 적어 보았다.

우선 허난성 카이펑(开封)에 있는 13층 철탑이 있는데 팔각형 구
조로 되어 있다. 철탑이라지만 사실 철을 재료로 한 것은 아니다.
벽돌을 구워 유약을 발라 매끄럽게 한 것이 철을 재료로 한 것같

중국의 탑(塔)

이 보인다 해서 철탑이라 한다. 실상은 이 탑이 전탑(塼塔)이다. 더욱 놀란 것은 철탑의 한 칸 한 칸마다 불상과 갖가지 동물을 그려 넣어 더욱 그 가치를 높이고 있다. 북송 시대에 건립되었다고 하니 참으로 역사가 오래된 것을 알 수 있다. 게다가 각종 천재지변에도 견뎌낸 축조 기법 또한 더욱 놀라게 한다. 우리나라의 장인들도 한 번쯤은 가 볼 만한 가치가 있는 중요한 철탑임에는 틀림이 없다. 광둥성 류우엔(乳源) 윈먼사(云門寺)에 가면 최근에 건축되어 보이는 정말 철탑인 아주 큰 13층의 석가탑이 있다. 거의 항저우의 류허타에 버금가는 규모다.

다음은 산시성 다퉁(大同)에서 우타이산을 가기 위해 남쪽으로 내려오면 잉현(應县)이 있다. 바로 여기에 약 천 년전에 건립된 목탑이 인상적이다. 가이펑에 있는 철탑을 섬세하다고 본다면, 이 목탑은 웅장하다고 말할 수 있다. 정말인지는 모르나 세계에서 가장 오래되고 가장 큰 목탑이라고 한다. 더욱 놀라운 것은 쇠나 못을 전혀 사용하지 않은 순수 목탑이라고 한다. 탑의 외부에는 의

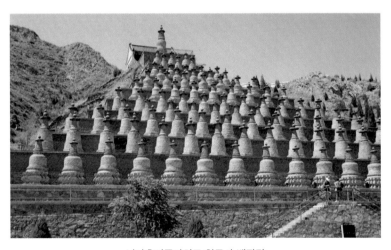

닝샤후이족자치구 칭퉁샤 백팔탑

미 모를 사자성어가 적혀있는 현판이 곳곳에 걸려있다. 내부로 들어가자 어두컴컴한 공간에 부처와 주변의 작은 불상들이 보였다. 맨 위에 올라가 아래로 굽어보았다. 목탑을 중심으로 외줄기 곧은 길에 잉현의 고가들이 열병식을 하듯 늘어서 있다.

닝샤후이족자치구의 칭퉁샤(청동협, 靑銅峽)에 가면 칭퉁샤 댐이 있다. 가는 길을 잃어 헤매는데 댐 주변에서 일하는 사람을 만났다. 그는 고맙게도 배를 타는 곳까지 길을 안내해 주었다. 칭퉁샤 댐에서 배를 타고 가면 건너편의 언덕에 백팔탑(百八塔)을 볼 수 있다. 배에서 칭하이성 시닝에서 온 치과의사를 만났다. 그는 망원경을 가지고 주변을 둘러보면서 나에게 보라고 권하기도 했다. 상류 지역을 보고 돌아오면서 백팔탑이 있는 곳에서 내렸다. 맨 위에 자그마한 절이 있고 라마교의 스투파가 경사진 산기슭에 삼각형의 형태를 이루고 있다. 옛날에는 탑 사이사이를 마니차를 돌리며 다녔다고 한다. 너무 외진 곳이라 여행자들이 그리 찾진 않지만 또 다른 시대의 불교예술의 작품이라는 생각이 든다.

다음으로 본 해보탑(海宝塔)은 닝샤후이족자치구의 성도인 인촨(銀川)에 있다. 중국에서 그동안 본 탑과는 모양새가 전혀 달랐다. 인도 바라나시를 흐르는 갠지스강에서 푸자(Pooja)의식을 보고 부다가야(Buddha Gaya)의 녹야원을 찾았을 때 본 탑과 흡사했다. 해보탑은 벽돌로 만들어졌다고 하는데 매우 정교하고 깔끔한 모양을 나타내고 있다. 타원의 구멍이 난 사각형의 모서리들이 정갈하게 구성되어 있다. 한 번 지진도 있어 다시 축조했다고 한다. 탑의 역사는 분명치가 않았지만 닝샤후이족자치구에서 역사가 가장 오래된 불교의 탑이다. 해보탑은 중국의 탑 중에서 가장 특이하고 독특한 모양을 자랑하는 고대 건축물의 걸작이라 할만하다.

지린성 서북쪽 다안(大安)시에 위치한 차간호(査干湖)를 여행할

닝샤후이족자치구 인촨 해보탑

때 길상탑(吉祥塔)이란 탑을 보았다. 처음에는 하나의 누각으로 생각하였지만 가까이서 보니 길상탑이라고 쓰여 있다. 탑의 역사는 오래되어 보이지 않았다. 탑 안으로 들어가니 그동안 중국의 다른 지역에서 본 탑과는 전혀 달랐다. 층마다 기둥이 세워져 있고 외부로 나와서 주변의 풍광을 감상할 수 있도록 건축된 것이 인상적이다. 맨 위층에 부처님이 앉아 계시고 앞에 커다란 종이 매달려 있다. 부처님께 여행의 안녕을 빈 후 세 번 종을 울렸다. 종소리는 차간호수에 물결이 되어 퍼져 나갔다.

이제 마지막으로 광시좡족자치구의 난닝(南宁)에서 베트남과 접경을 같이하고 있는 핑샹(凭祥)시 방향으로 향했다. 핑샹시를 가는 도중에 충쭤(崇左)현이 있다. 이 현 부근에 기울어진 탑이 있다고 하여 시간을 내어 들렀다. 그리 대단해 보이지는 않으나 중국에서 피사의 탑을 본다는 것은 새로운 여행이었다.

눈으로 보아도 확연히 기울어 있는 이 하얀색의 오층탑은 일부

광시좡족자치구 충쭤 어룡탑

러 저렇게 축조했는지부터 의심스러웠다. 그 이유를 군이 캐서 알
아낸들 또한 무슨 소용이 있겠는가. 세계에서 기울어진 탑 8개 중
의 하나인 어룡탑(魚龙塔)이라고 한다. 이 탑은 약 4° 정도 기울어
져 있다. 명나라 때 3층으로 건축하였고, 청나라 강희제 때 2층을
더 축조하여 오 층의 탑으로 되어 있다. 그래서인지 탑의 3층부터
는 창문이 없다. 아마 국가의 힘이 미치는 경계의 상징성이 드러
난 일면이 있어 보였다.

이상으로 내가 본 중국의 특이한 탑의 유형을 대충 간추려 보았
다. 사찰의 축제에 탑돌이를 하는 중생들을 향하여 탑은 침묵으로
말한다. 늘 자비하라고……

화려한 3대 누각(樓閣)

중국에 아름다운 3대 누각이 있다. 이 3대 누각의 아름다움을 보지 않고는 중국을 말할 수 없다. 그만큼 이들 누각이 지닌 상징성도 건축물 중 가히 최고라 말하지 않을 수 없다. 중국의 3대 누각은 후베이성 우한(武汉)의 황학루(黃鶴楼, 황허로우)와 후난성 웨양(岳阳)의 악양루(岳阳楼, 웨양로우) 그리고 장시성 난창(南昌)에 있는 둥왕각(腾王閣, 텅왕거)이다. 이 세 곳을 지도상에서 보면 중국의 중심부에 삼각형 구조를 이루고 있다.

협곡을 지난 장강의 험한 물줄기가 이제는 지쳤는가 보다. 우한에 이르러 숨죽이듯 조용히 흐르고 있다. 이곳에 장강의 흐름

후베이성 우한 황학루

을 굽어보고 있는 하나의 누각이 바로 황학루다. 96년에 배를 타고 장강을 유람하면서 이 무한에 내려 황학루에 올랐었다. 벌써 20년이 지났지만 그때의 장강은 지금도 황학루를 스쳐 지나가고 있다.

황학루(黄鶴楼)는 중국 최고의 누각이다. 더 부연할 필요도 없다. 규모나 웅장함, 미적 아름다움은 어디에도 손색이 없다. 이 누각을 보고 있으면 학이 다시 날아올 것만 같다. 누각 안의 벽에 그려진 학을 보면 내가 신선이 되어 학과 놀고 있는 기분이 든다. 너무 과장된 표현일까.

당나라 때의 시인 최호라는 사람은 그 당시에 학이 떠난 슬픔을 이렇게 남겼다.

'옛 사람은 이미 황학을 타고 떠났고
이곳에는 부질없이 황학루만 남았네.
황학은 한 번 가서 다시 오지 않거늘
흰 구름만 빈 하늘에 유유히 떠 있구나.'

훗날 이백이 황학루에 와서 이 글을 보고 차마 시를 읊지 못했다고도 한다.

황학루의 전설 또한 사람을 안타까운 생각이 들게 한다.

전설에 의하면 신씨(辛氏) 여인이 이곳에서 술집을 하고 있었다. 장사가 안 되는데 한 노인이 술을 달라하여 주었지만 술값을 내지 않았다. 몇 번을 참다가 나중에는 화를 냈다. 어느 날 노인이 종이로 학을 접어주면서 손뼉을 치면 학이 춤을 출 것이라고 했다. 그리고 이를 손님에게 보여 주면 사람들이 몰려와 돈을 벌 것이라고 하고 사라졌다.

정말 노인의 말대로 손뼉을 치니 종이학은 날고 손님들이 몰려

후난성 악양 동정호

와 큰돈을 벌었다. 노인이 다시 와서 이제 그동안 와서 마신 술값
은 치른 셈이니 학을 타고 떠나야겠다고 하면서 하늘로 올랐다고
한다. 다시 쓸쓸해진 주막집 여인은 노인의 외상술에 화를 낸 자
신을 탓했다. 그리고는 신씨가 노인에게 보답하기 위하여 이곳에
지은 누각이 바로 이러한 전설을 담고 있는 황학루다. 다시 이 노
인이 온다면 반드시 황학을 타고 올 것이다.

어느 해 후난성을 여행하다 악양루(岳阳楼)를 지났다. 악양루에
는 동정호(洞庭湖)가 있고, 동정호에는 악양루가 있다. 서로가 있
어 하나를 이루었다. 누각이 있고 호수가 있으니 시인의 발길이
끊이질 않았다. 두보가 〈악양루에 오르다(登岳陽樓)〉라는 유명한
시를 지어 그 이름을 올렸다. 강동의 오나라 지략가인 노숙도 이
곳에서 생을 마감했다.

악양루를 들어가기 전 광장이 있다. 동정호가 한눈에 들어온다.
광장에 뱀을 향하여 활을 겨눈 이는 누구일까? 여기에는 이러한

전설이 지나간다. 매년 동정호에 파도가 일어 늘 배가 다니려면 위험이 따르곤 했다. 약한 인간이 신에게 제사를 올려도 아무 소용이 없었다. 나중에 알고 보니 이 동정호에 한 마리의 뱀이 매번 인간에게 재난과 불화를 주고 있었다. 이를 보고 궁리 끝에 활의 명사수를 찾았다. 그가 바로 사악한 뱀을 죽인 '예'라는 사람이다. 당연히 그 후로 동정호는 언제나 물결이 잔잔해졌다고 한다. 동정호가 어부의 품으로 돌아온 것이다. 전설은 사실이든 허구든 인간사에 선(善)과 덕(德)으로 남으면 족하다.

표를 사려고 매표소에 갔더니 문이 닫혀 있다. 안에 있는 사람에게 들어가도 되냐고 물으니 공사 중이라고 한다. 공교롭게도 내가 보러 갔을 때는 보수를 한다고 입장이 금지되어 있었다. 동정호를 따라 성벽이 길게 드리워져 있고 악양루의 누각은 성벽 속에서 끝내 얼굴을 감추고 있었다.

늘 마지막으로 가봐야 할 한 곳이 남아있으면 마음이 왜 이리도 조급해지는지 모르겠다. 반년 뒤 마지막 남은 장시성의 등왕각을 찾아갔다.

문화와 역사를 자랑하는 난창에 위치한 등왕각(騰王閣)은 3대 누각 중 가장 섬세한 구조로 된 건축물이라고 한다. 9층 누각으로 그 높이도 50미터를 넘는다.

당나라를 세운 태종 이세민의 동생 이원영의 칭호가 '등왕'이어서 등왕각으로 불렸다. 그래서 남방의 뛰어난 황실 누각으로도 의미가 크다. 그러고 보면 황학루나 악양루와는 달리 궁중의 삶이 묻어나는 곳이기도 하다.

예전에《정관정요》라는 치세(治世)의 책을 읽은 적이 있다. 가장 인상에 남는 구절이 생각난다.

대신(大臣) 위징이 임금에게 말했다. '나를 충신(忠臣)이 되게 하지 말고 양신(良臣)이 되게 해 달라고.' 임금이 그 이유를 묻자 대답하기를 '역사 이래로 충신은 자손을 보존하지 못했다.'라고 답했다.

겨울 날씨에 눈까지 내려 힘들게 찾아간 등왕각이다. 등왕각 앞으로 흘러 파양호(鄱阳湖)로 들어가는 간강(竷江)이라는 강줄기도 얼어 있었다.

상하이에서 대학생 두 명이 이곳을 보려고 비행기로 왔다고 한다. 이들과 함께 등왕각에 올랐다.

아름다운 곳에는 시인이 있고 시인은 영원한 글을 남긴다. 당나라 시인 왕발(王勃)의 〈등왕각서(滕王閣序)〉라는 글귀가 등왕각을 더욱 아름답게 덧칠하고 있는지도 모른다. 하지만 글쟁이의 곧은 성격은 늘 권모술수가 판을 치는 정치에는 어울리지 못한다. 왕발도 잠시나마 관직에 있었지만 물러났다. 그리고 좌천된 아버지를 찾아가다 27세의 젊은 나이에 물에 빠져 죽었다고 한다.

마침 한국과 중국이 축구 경기가 있어 결과가 궁금해 물었다. 두 명의 대학생은 '回家了!'라고 짧게 말했다. 중국은 이미 져서 귀국하여 집으로 돌아갔다는 것이다. 한국과의 경기에 질 거라는 것을 당연시하고 있다. 중국은 언제쯤 '공한증'으로부터 벗어날 수 있을까. 가끔 축구 이야기를 꺼내면 그들은 대화를 간단히 줄이려고 하고, 어떤 이는 한국 축구가 아주 대단하다고 엄지손가락을 내보이기도 한다. 이럴 때 내 조국 대한민국이 작은 나라이면서도 자랑스럽고 뿌듯하다.

하얀 눈을 이고 있는 누각에서 바라본 난창시는 짙은 안개에 갇혀있다.

몹시 추웠다. 한랭전선이 여기까지 오는 경우는 극히 드물다고 한다.

자투리로 광시좡족자치구의 룽현(龙县)에 있는 진무각(眞武閣)이라는 누각이 있어 소개한다. 이곳 사람들은 이 누각이 중국의 4대 누각이라고 나름대로 자랑한다. 실제로 내가 가보았을 때 중국인 여행자들도 많았다. 보기에는 그저 3층의 누각 하나만 존재한다. 2층으로 올라가 누각 안으로 들어가니 사람들이 한 곳에서 기이한 행동을 하고 있다. 자세히 보니 혁대를 풀어 구석의 나무 기둥 밑에 넣어 바닥을 통과시키고 있었다. 즉 기둥이 공중에 떠 있는 것이다. 구석에 놓인 사방의 기둥이 그랬다. 처음에는 이상하게 생각했지만 안에 있는 기둥은 하나의 장식이고 바깥쪽에 기둥이 이 진무각을 지탱하고 있는 구조라는 것을 알았다.

굳이 이런 건축물을 왜 지었을까? 누각은 그 시대에 대한 번영

장시성 난창 등왕각

의 상징물이고 화려한 문화의 척도임에는 틀림이 없다. 누각에 올라 동파육(东坡肉)과 고량주(高粱酒) 한잔이 곁들여진다면 한 줄의 시는 저절로 나올 법도 한데.

중국의 산(山)

　　마음이 답답하면 산을 오른다. 정상에서 바라보는 시야는 마음을 탁 트이게 한다. 일반적으로 사람은 이렇게 느낀다. 나 역시도 별반 다르지 않다. 집에서 멀지 않은 곳에 두 시간 정도 필요한 작은 산이 있다. 시간만 있으면 늘 다녀오곤 한다. 산을 갈 때는 이어폰을 하고 라디오를 청취하며 다니곤 했다. 어느 날 TV에서 들으니 이어폰을 오래 사용하면 난청이 올 수 있다고 한다. 이후로는 라디오를 가지고 다니지 않았다. 또 핸드폰을 챙겨서 가곤 했지만 그것도 번거롭다는 생각이 들었다. 지금은 산에 가면 모든 것을 두고 오른다. 나 혼자의 자유로운 생각이 더 즐겁다는 것을 느꼈다.

　　약 한 달 정도의 여행을 하면 적어도 사흘에 한 번 정도는 산을 오른다. 또 여행에 항상 새롭게 다가오는 곳이 산이기도 하다. 특별히 산을 좋아하는 마니아도 아니지만, 그렇다고 매일 시장이나 도시의 공원만을 즐기기에는 너무 여유롭다는 생각이 들었다.

　　그래서 여행할 때마다 그곳의 이름 있는 산을 둘러보곤 한다.

산을 오르면 나름대로 그 산이 지닌 매력과 성취감에 늘 만족했다. 또 산에서 현지인이나 여행자들과의 대화와 만남이 또 다른 여행의 즐거움을 주기도 한다. 어느 때는 중국인이 나에게 길을 물어올 때도 있다. '한국인'이라고 하면 놀라워하면서 더욱 관심을 갖기도 했다. 이들은 만남의 관계를 중시한다. 이런 관계가 형성되면 자기네 나라 사람보다 더 나에게 관심을 가진다. 그 이유는 오로지 관계를 형성했기 때문이다.

중국 대부분 산에는 사찰이 있고, 경치 좋은 곳에는 정자가 있으며, 정상 부근에는 탑이 있다. 워낙 땅이 넓다 보니 자연이 수려하고 산수가 빼어난 곳이 한두 군데가 아니다. 만리장성과 마찬가지로 '황산을 오르지 못한 사내는 호한(好汉, 사나이)이라 말할 수 없다.'라고 하는 말도 있다. 계림은 천하에 제일가는 산수(桂林山水甲天下)를 자랑한다고 한다. 우리나라 사람이 가장 많이 찾는 장자

저장성 옌당산

제(장가계, 張家界)와 주자이거우(구채구, 九寨溝) 그리고 윈난의 스린(석림, 石林)은 중국 풍경의 진수라고 할 만하다. 유명한 명산에 취해서 다닌 적도 많았다. 피로도 모른 채 다니다가 몸살을 앓기도 여러 번 했다. 중국의 오대 악산이라 불리는 타이산(태산), 쑹산(숭산), 화산, 헝산(항산), 헝산(형산)도 둘러보았다.

지도상에 특별히 명승지라고 중요하게 표시된 산을 중심으로 둘러보면 다 나름대로 산수의 의미와 가치가 남다르게 다가왔다. 중국의 산들은 거의 절벽과 협곡이 많아 매우 위험해 보인다. 하지만 막상 산에 접하면 잔도를 만들어 오묘한 경치를 잘 볼 수 있도록 해놓았다. 게다가 거리가 멀고 험준한 곳은 전동차가 있고 케이블카나 리프트를 설치해 놓았다. 실제 하루 구경에 나서면 보통 네다섯 시간이면 모두 둘러볼 수 있다. 그래도 힘들다 생각되면 '화깐(滑竿)'이라고 하는 가마꾼도 있어 산을 다니는데 그리 어렵지는 않다. 놀랐던 일이 있었는데 윈난성 취징(曲靖)에 있는 주장위안(주강원, 珠江源)에 갔을 때의 일이다. 전동차를 타고 산길을 오르다가 급히 구부러지는 곳에서 과속으로 내려오는 오토바이와 부딪쳤다. 오토바이를 탄 육십 세 정도의 어른이 쓰러져 급히 차에서 내려 달려갔다. 오토바이 앞부분의 범퍼가 조각나 어지러이 널려져 있고 무릎에서 피를 흘리고 있다. 잠시 후 깨어나기에 '괜찮으냐.' '어디가 심히 아프냐.' '일어날 수 있느냐' 등등 여러 가지 상황을 물어보았다. 함께 간 다섯 명 중년의 사람들이 여기저기 전화했다. 잠시 후 우리는 이곳 직원이 온 것을 보고 관람을 위해 다시 출발했다. 구경을 마치고 오니 주장위안 관리원과 경찰이 충돌했을 때의 탄 손님이냐고 물었다. 그리고는 그 당시의 상황을 몇 가지 물어보고는 돌아간 적이 있다.

윈난 다리(大理)에 있는 창산(蒼山)의 세마담(洗馬潭)이라는 최고

봉을 가려고 했다. 이곳은 케이블카에서 내려 곧바로 또 케이블카를 타고 다닐 수 있도록 해 놓았다. 그러기에 하루 정도의 시간이 필요한다. 우리나라에서는 케이블카 설치로 자연환경의 훼손에 대한 문제를 놓고 주민들 간의 의견도 분분하다. 그런데 잔도나 케이블카 설치가 그렇게 자연을 훼손하는 일인가 하는 의문스러운 생각을 해 본다. 오히려 우리나라 산을 가보면 정리된 길이 없어 사람들이 마음대로 다닌다. 그러다 보니 조금씩 길이 넓어져, 산의 바닥이 미끄럽기도 하고 돌들이 자연 상태로 있어 위험하기도 하다.

중국은 풍경구의 모든 길을 무모하리만치 계단으로 다 만들어 놓았다. 그래서 그 길이 아니면 다니지 않기 때문에 자연을 더 보존하는 것 같다.

중국에서 남쪽의 제일 명산이라고 하면 저장성 예당산(雁蕩山)을 말할 수 있고, 이곳을 다녀가지 않으면 시인이 될 수 없다 할 정도의 아름다움이 있는 푸젠성 우이산(武夷山)도 있다. 중국 최고의 무림 고수가 되려면 적어도 후베이성의 우탕산(武當山)에서 한 수 배워야 하고, 잠시나마 산신령이 되고 싶으면 후베이성의 선눙자(神農架)에 가봐야 한다. 끝으로 남아(男兒)의 기상을 얻으려면 오악(태산, 화산, 형산, 항산, 숭산)은 당연히 올라야 하지 않을까?

이렇게 갖가지 수식어를 달고 있는 산 중에 단샤(단하, 丹霞)라는 명칭이 붙어있는 산들을 볼 수 있다. 이 말이 무엇을 의미하는지 몰랐다. 알고 보니 단샤는 '햇살에 비치는 붉은 빛의 기운'이라는 의미다. 절벽에 드러난 황토색이 햇살에 부딪히면 그 아름다움이 장관을 이루기에 붙여진 이름이다. 그중에 하나가 치차이산(칠채산, 七彩山)이다.

간쑤성 장예(張掖)에 가면 단샤지질공원(丹霞地質公园)이라고 되

간쑤성 칠채산

어 있는데 이곳의 산 이름이 치차이산(칠채산)이다. 햇살이 기울어
가는 오후였다. 풀 한 포기 없는 삭막한 산. 그러나 햇살의 기울
임에 따른 색의 변화, 그것이 그려내는 조화는 이루 말할 수 없다.
어둠이 드리울수록 저 멀리 보이는 조망대의 사람들은 더욱 많아
지고 있다. 조망대에 오르니 발 디딜 틈이 없다.

온 천하가 무(無)의 세계다. 모든 생물 그리고 인간이 존재하지
않는 기분이 들었다. 간쑤성의 단하지모(丹霞地貌)라는 곳은 시간
이 부족해 가보지 못했다. 이곳도 경관이 대단하다고 하면서 자랑
하는 중국인들을 무척 부러워했다. 사람들은 치차이산이 그려내
는 화려한 조각품에 카메라를 들이대기 바빴다. 이곳에서 난징의
모 대학에 영어 강사로 근무한다는 여교수 둘을 만났다. 정상에서
두 분이 불러주는 노래에 잠시 취해 있었다.

또 광둥성 사오관(韶关)에 있는 단샤산(丹霞山)에 가면 양원석(阳
元石)이라는 바위가 솟아 있다. 남성의 상징인 남근석을 의미하는

데, 푸젠성 롄청(連城)의 관즈산(冠豸山), 그리고 후베이성의 선눙자(神农架)에 '생명지근(生命之根)'이라고 쓰여 있는 곳도 남근석의 자랑거리다.

하지만 우리나라 충북 제천에 가면 청풍호를 바라보고 있는 조용하고 자그마한 무암사라는 절이 있다. 이 무암사 근처에 우뚝 솟은 남근석보다 더 실물 같은 것을 보지 못했다.

최근에 다녀 본 구이저우성 적수(赤水)의 홍석기관(紅石奇觀)이라는 곳도 참으로 볼만한 곳이다. 정상까지 숲과 작은 폭포가 계속 이어지는데 정상에 붉은색의 암석이 또한 여행자를 매료시킨다.

끝으로 산을 오르다 바위 사이로 유달리 좁은 길이 있으면 이들은 반드시 일선천(一線天)이란 이름을 붙인다. '하늘로 가는 유일한 길'이라는 의미다. 장시성의 산칭산(삼청산, 三淸山), 푸젠성의 푸딩(福鼎)에 있는 타이라오산(태로산, 太姥山)과 충칭의 톈컹디펑(天坑地縫)을 여행할 때 일선천이란 좁은 바위틈을 지났다.

최근 겨울에 헤이룽장성 이춘(伊春) 북동쪽에 있는 탕왕하(湯旺河)의 국가석림공원을 다녀왔다. 눈 덮인 겨울 산을 오르는데 사람은 하나도 보이지 않았다. 하지만 산행의 눈길은 신기하게도 누군가에 의해 깔끔히 치워져 있었다. 가끔 보이는 산장의 집들도 주인을 잃은 채 모두 문이 닫힌 상태였다. 삼림 속에서 가끔 기이한 바위들이 나타나곤 했다.

네이멍구나 헤이룽장성 같은 평원 지대에서는 바위산이 극히 적다. 그래서 산에 약간의 기묘한 바위들이 산재해 있으면 이들은 스린이라는 명칭을 붙여준다. 커다란 쌍둥이 형상의 바위가 앞에 나타났다. 두 바위가 나란히 서 있는 사이로 약간의 틈새가 보였다. 가까이 가보니 어김없이 '일선천(一线天)'이라 쓰여 있다. 길이가 한 20m 정도였는데 바위가 갈라진 폭이 가장 좁은 곳은 20㎝

정도인 것 같았다. 우리나라 속리산 경업대 관음암을 들어가는 길에 있는 바위 틈새와 흡사했다. 내 얄팍한 가슴으로도 비비적거리며 간신히 빠져나갈 정도였다. 이곳이 여행 중 가장 좁은 일선천이라고 기억된다.

구경을 마치고 돌아오니 택시기사가 중국에서 제일가는 스린이라고 자랑을 아끼지 않았다. 중국은 어디를 가도 '제일, 최고, 최대'라는 허풍스러운 수식어를 즐겨 사용한다. 그러나 자기네 고장을 내세우고 자랑하는 마음이 그다지 미워 보이지 않았다.

네이멍구의 북부지역에 자란툰(扎兰屯)이 있다. 이 지역을 중심으로 초원과 아름다운 산들이 있어 여행자들이 많이 찾아간다. 자란툰은 동북 지방과 네이멍구를 잇는 교통 요충지이기도 하다. 자란툰에서 서쪽에 있는 야커스(牙克石)로 가는 도중에 빠린(巴林)이란 작은 마을이 있다.

광둥성 소관 단하산

라마산(喇嘛山)에 가기 위해 빠린에서 내렸다. 역 앞에 보이는 앞산의 라마탑이 빠린의 상징인양 우뚝 솟아 있다. 라마산으로 향했다. 추위에 마을 사람들은 전혀 보이지 않았다. 매표소에 다다르니 매표소 직원도 보이지 않았다. 슬쩍 들어간 것을 행운이라 생각하고 빨리 걸었다. 길에 있는 표지판의 약도대로 좁은 길로 접어들었다. 나무계단이 끝나는 길에서는 더욱 좁아지는 길이 불안했다. 지름길이라 생각하고 능선에 올라서 보니 저편에 있는 기암까지 가기에는 어둠이 다가올 것만 같았다. 눈길을 미끄럼 타듯 내려와 큰길을 잠시 올라가니 잘 정리된 라마산의 입구가 있었다. 어둠이 내리는 라마산을 접하지 못하고 아쉽게 발길을 돌려야만 했다.

여름에 동북 여행하면서 다시 라마산을 찾았다. 동행하는 여행자들도 보이니 여행의 즐거움도 더했다. 6개월 전 추운 겨울에 왔던 기억이 엊그제 같았다. 흩어져 있는 몇 개의 봉우리들이 눈에서 멀지 않았다. 하지만 바위로 난 길을 기어오르다시피 하면서 오르는 순간에는 긴장감도 한몫했다. 바위 절벽의 75도 급경사 코스에서는 50대의 건장한 남자분도 현기증으로 등반을 포기하기도 했다. 헤이룽장성 다칭(大庆)에서 온 단체여행자들과도 함께하고, 남방의 더위를 피해서 온 광둥성(广东省) 사람들과도 함께 했다.

이 산이 왜 라마산이라 이름 지어졌는가를 물었다. 두 개의 커다란 바위 사이에 서 있는 작은 바위가 불상과 흡사하다 하여 붙여졌다고 한다. 겨울에 매표소 직원이 필요 없었던 이유를 이제야 알았다. 비가 내려도 위험한 등반인데 눈이 내린 겨울에는 상상할 수도 없는 산행이다. 몽골의 대초원과 황량한 벌판만이 각인되는 이곳에 이렇게 절경을 이룬 라마산이 있다는 사실에 무척 놀랐던 여행이다. 라마봉 정상에서 내려다본 빠린의 작은 마을이 아늑하

랴오닝성 베이전 이우뤼산

게 다가왔다.

계속되는 여행 속에 랴오닝성을 다녔다. 랴오닝성에는 베이전(北镇)에 있는 이우뤼산(의무려산, 医巫闾山)과 지난해 여름에 갔었던 펑황산(凤凰山), 안산(鞍山)의 첸산(千山) 그리고 약산(药山)이라는 4대 명산이 있다. 그 중의 으뜸이 첸산이라고 자랑하고 있지만 이틀 전 다녀 본 첸산은 나의 기대에 미치지 못했다.

이우뤼산이 있는 베이전으로 향했다. 매표소에서 바라만 보아도 전경이 한눈에 들어오는 절경이다. 더운 날씨에 아침 일찍 오른다고 나섰지만 어느새 부지런한 사람들이 벌써 산에 올라와 있다. 어제 나를 태워준 택시 기사는 차 안에서 이우뤼산에 대한 자랑을 쉬지 않고 늘어놓았다. 그중에 청나라 4대 황제인 강희제가 이곳을 54차례나 다녀갔다는 말을 여러 번 반복했다.

다음 날 아침에 바위산으로 난 길을, 기어오르기도 하고 삼림의 숲을 지나기도 하고 봉우리 뒤로 난 케이블카를 타고 가서 한적한 산사(山寺)가 있는 산길도 걸었다. 온종일 명산을 감상하면서 다닌 기분을 중국어로 표현하면 '一飽眼福'라고 할 수 있다. 즉 '눈요기 잘했다.'라는 뜻이다. 명산의 가치를 충분히 느껴 본 만족스러운 산행이었다.

　도심의 길을 걷다 보면 잘 정제되지 않은 교통수단의 배기가스가 항상 매연으로 나를 따라다녔다. 이러한 탁한 공기와 찌든 공간을 잠시 벗어날 수 있는 곳은 늘 산이다. 가끔 우리는 누구에게 잘나 보이고 싶고. 남보다 앞서고 싶은 욕구가 있다. 하지만 산은 우리에게 절제와 겸손을 가르쳐 준다. 산을 즐기자.

중국의 동굴

중국의 동굴을 만난다. 일반적으로 동굴은 석회암 지대에서 많이 생성된다. 그래서 우리나라도 단양과 영월을 중심으로 동굴들이 많이 분포되어 있다. 중국은 대부분 석회암 지대로 조성된 지역이 많다.

특히 구이저우성과 광시좡족자치구 그리고 윈난성에 많이 분포한다. 구이저우성 안순(安順)의 룽궁(龙宫), 그리고 안순 북쪽에 즈진(织金)이란 곳의 즈진둥(직금동, 织金洞), 퉁런(铜仁)에 있는 구룽둥(九龙洞), 광시좡족자치구 구이린(桂林)의 관암(冠岩)동굴과 양수어(阳朔)의 은자암(銀子岩), 윈난의 제일 동굴이라는 루시(泸西)의 아루고동(阿庐古洞), 지엔수이(建水)의 연자암

구이저우성 즈진 즈진둥

(燕子洞), 이밖에도 저장성 진화(金华)에 있는 쌍용동(双龙洞), 후베이성 리찬(利川)에 있는 등용동(腾龙洞) 등등 모두를 다 열거할 수 없을 정도로 크고 작은 동굴이 많이 있다. 등용동은 우선 동굴 입구의 규모에 놀란다. 내부는 특별히 볼 것은 없으나, 커다란 동굴의 길이가 3㎞ 정도 이어진다. S자 곡선을 그리며 계속 이어지는 동굴은 거대한 용이 빠져나온 몸통의 공간이라 할 만하다.

여행 중 가장 인상적인 곳이 구이저우성의 즈진동이다. 저녁에 안순에서 출발한 차는 도로가 결빙되어 어두컴컴한 산에서 한 시간 이상을 지체하고 있다. 나뭇가지들은 몇 겹 얼음 옷의 무게를 이기지 못하고 여기저기 찢겨 부러진 채 길바닥에 드러누웠다. 마주 오던 트럭들도 뒤엉켜 더욱 갈 길을 힘들게 하고 있다. 사람들이 내려서 나뭇가지와 풀들을 길에다 깔아놓기 시작했다. 몇 길 낭떠러지의 위험을 최소화하느라 안간힘을 썼다. 서서히 차가 움직였지만 죽음보다 더 무서운 것이 또한 추위다. 침낭 속에 온몸을 숨기고도 추위와의 싸움을 더 걱정했다.

며칠간의 혹한으로 구이저우성을 돌고 돌면서 혁명 유적지로 알려진 쭌이회의(遵义会议)가 있는 쭌이(遵义)와 술로 유명한 마오타이(茅台)라는 곳 방문도 포기했다. 안개 자욱한 도로를 간신히 내려가 즈진에 도착했다.

다음 날 즈진동에 찾아갔다. 동굴 입구로 가는 길에 개나리 같은 나뭇가지에 얼음꽃이 피어 있다. 매표소에서 표를 사고도 한참을 기다렸다. 손님이 없어 몇 명이 올 때까지 기다려야 한다. 직원이 어느 공간으로 나를 데리고 가더니 난로를 하나 가져다주었다.

한 시간을 기다려도 다른 손님이 오지 않아 결국 나만을 데리고 다섯 명의 직원이 함께 동굴로 들어갔다. 이 동굴은 길이가 무려

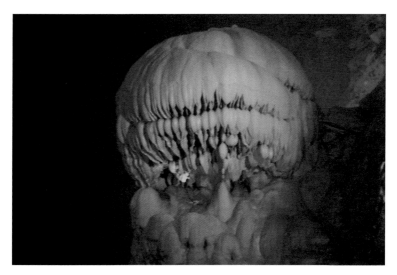

구이저우성 퉁런 구룽동

18㎞라고 한다. 12㎞까지 공사 중이며 6㎞까지 관람할 수 있다고 한다. 내가 지나는 곳마다 등불을 켜주는 직원이 있고, 설명해주는 안내원, 그리고 지나오면 철문을 잠그는 남자 직원이 있다. 한 사람을 위해 이렇게 할 수 있는 것도 사회주의의 규정이고 예법인가 하는 의문이 들었다.

언젠가 저장성 란시(兰溪)시 서북쪽에 있는 대자암 풍경구를 간 적이 있다. 이때도 너무 일찍 도착하여 케이블카에 종사하는 직원들을 모두 깨운 적이 있다. 그 당시도 한 사람을 위해 시운전하고서 나를 케이블카에 태우고 운행한 적이 있다.

아무튼 지나는 곳 두세 군데에 철문을 잠그는 것은 안으로 공기가 들어와 석회암이 부식되는 것을 방지하기 위해서라고 한다. 깊숙한 곳에 화장실도 있고 휴대전화도 통화가 가능하다. 즈진둥은 구경하는 내내 오묘하고 진기한 석순과 길게 자란 석주들이 즐비

구이저우성 쯔윈 중동

했다. 이런 화려하고 아름다운 종유석들을 보고 있노라니 지하의
천당을 거닐고 있는 기분이다. 지상에 있는 온갖 형태의 자연물을
지하에 진열해 놓은 듯이 보였다. 동굴을 빠져나온 후 다섯 분에
게 너무 감사하여 일일이 악수로 고마움을 대신했다.

  또 한 번은 여름에 구이저우성 통런(銅仁)의 구룡동을 찾아갔다.
이곳을 가려면 우선 배를 타고 강을 건너야 한다. 그리고 오솔길
로 난 산길을 반 시간 정도 또 올라야 한다. 힘들어하는 여행자들
을 위해 말들이 줄지어 손님을 기다리고 있다. 어제 비가 와서 날
씨가 습한데다 시멘트로 된 오솔길이 유난히 미끄러웠다. 말을 탄
다는 것은 더욱 위험스러워 보였다. 가끔 무리 지어 가는 여행자
들이 찌는 듯한 더위에 그늘에서 걸음을 멈추곤 했다.

  동굴에 도착하니 입구의 전광판에 붉은 글씨가 현란하게 지나
가고 있다. 안으로 들어가니 즈진둥보다 규모는 작았지만 형형색

색의 종유석과 오묘한 석주들에 눈을 떼지 못할 정도였다. 구경을 마치고 나오는 나에게 외국인이라고 직원들이 같이 사진을 찍자고 먼저 다가오기도 했다.

안순 남쪽에 있는 쯔윈(紫云)의 중동(中洞)이란 동굴이 있다. 그러고 보면 구이저우성에 동굴이 많았던 것으로 기억된다. 우리나라 TV에도 방영한 적이 있는 이 동굴이 쯔윈에서 머지않은 곳에 있다고 한다.

작은 봉고차를 대절했다. 오전에 거투허(격출하, 格凸河)라는 곳을 관람하느라 시간을 지체했다. 설상가상으로 운전기사 역시 현지인들에게 길을 묻느라 시간은 더욱 더뎌지고 있었다. 거의 다 왔을 즈음 피할 수도 없는 좁은 낭떠러지 길을 1㎞ 정도 들어가 마을 사람들에게 물었다. 아뿔싸! 동굴로 가는 길은 반대편 산기슭으로 길게 난 계단 길이라 한다. 다시 차를 돌려 나왔지만, 마주하는 차를 만났다면 어떻게 피할 수 있었을까 하는 아찔한 생각이 들었다.

겨울의 해는 짧아 서둘러야 한다. 돌로 된 계단 길을 서둘러 걷기 시작했다. 사람들과 마주치면 짧은 인사만을 주고받으며 산모퉁이를 돌았다. 해는 기울어 가는데 동굴의 위치를 보니 저 멀리 보였다. 더욱 걸음을 빨리했다. 다행히 동굴 바로 밑에 있는 마을을 보고 안심했다. 여차하면 이 마을에서 하루를 쉴 수 있다는 생각이 들었기 때문이다. 한참을 걸은 후에야 마을 길을 지나 동굴에 도착했다.

TV를 통해서 익히 알고 있었지만 이곳은 동굴을 구경하는 것이 아니다. 동굴 안에 마을이 형성되어 있다는 것에 더욱 여행자의 관심을 받는 곳이다. 동굴 안에 학교도 있지만 지금은 운영을 안 한다고 한다. 어른들은 모두 어디 가고 가끔 닭과 돼지의 울음소리만 들려왔다. 한 집으로 들어가니 다섯 명의 아이들이 춥지도 않건만 꺼져가는 모닥불에 모여앉아 있다. 허름한 집들과 꾀죄죄한 아이들의 모습들을 보았다. 그래도 이곳의 어른들은 정부의 지원금도 마다하고 이곳을 떠나려 하지 않는다고 한다.

돌아오는 길에 하교하는 아이들이 두세 명씩 마주쳐 갔다. 동굴에서 사는 아이들과 아랫 마을의 아이들이 매일 산을 넘어 학교에 다니고 있다. 산마루에서 해가 기울어가는 동굴의 마을을 돌아보았다. 산 위로 석양빛이 드리워지기 시작한다. 이곳에도 대를 이어 살아온 사람들이 고향이라는 그리움으로 살고 있다. 후손들에게 물려줄 자연 그대로를 간직한 채로.

중국 서남쪽 윈난에는 아루고동(阿庐古洞)이라는 동굴이 있다. 여행자들 대부분은 주샹(구향) 동굴이 스린(석림)과 가까이 있어 주샹 동굴만 다녀가곤 한다. 나 역시 윈난을 몇 번 다녀왔어도 아루고동은 생각 없이 지나치고 있었다. 실제로 보면 아루고동도 쿤밍에서 시간 반이면 갈 수 있는 가까운 곳이다.

2014년 겨울 귀국을 이틀 앞두고 루시(泸西)에 있는 아루고동을 찾았다. 1월의 기온이 여름처럼 더웠다. 동굴을 들어가기 전 동굴 입구에 흐르는 수렴(水簾)의 인공폭포가 인상적이다. 동굴 안의 밝게 빛나는 조명과 각양각색의 석순들을 보고 놀랐다. 여태까지 윈난을 오면서 와보지 않았던 것을 무척 후회했을 정도다.

그런데 더욱 놀라게 하는 동굴이 동북에 있다. 바로 랴오닝성 환런(환인, 桓仁)에 있는 망천동(望天洞)이란 동굴이다. 환런은 고구려왕성(오녀산성)이 있어 역사적으로도 우리에게 아주 의미 있는 곳이다. 중국 동굴의 명소를 이야기할 때 대부분 랴오닝성 번시(本溪)의 수이동(水洞)을 이야기하곤 한다. 사실 수동은 선양(沈阳)

랴오닝성 환런 망천동

에서 가깝고 규모가 크기는 하지만 안에서 배를 타고 다니면서 보는 것에 불과하다.

여러 동굴을 다녀 본 것에 비교하면 번시의 수이동은 실망스러웠다. 소문난 잔치 먹을 것 없다고 하듯이 내가 너무 기대가 컸는지도 모른다. 하지만 번시에서 3시간 정도 거리에 있는 환런의 망천동 동굴을 본다면 중국 최고의 석회암 동굴을 만날 수 있다고 말하고 싶다. 이 동굴은 중국 여행자 지도에도 그리 뚜렷하게 소개되어 있지도 않다. 칭산거우(靑山沟)를 구경하고 환런인에서 현지인에게 볼거리를 물어서 찾아간 곳이다. 개발된 지도 그리 오래되지 않았다고 한다.

이 동굴은 종유석들이 아주 가까이 있어 손으로 만져보기도 하는데 사람들의 손에 훼손될까 무척 염려스러웠다. 동굴을 다니는 동안 잠시도 눈을 떼지 못하는 두 시간 정도의 시간이 흐른다. 이보다 더 오묘한 신의 창조물은 없을 것 같다는 생각이 들 정도다.

선양인 대도시에서 멀다는 이유로 관광객은 그리 많지 않다. 그러나 여행자에게 꼭 권하고 싶은 동굴 여행지라고 생각된다. 현지의 상점 주인에게 물으니 우리나라 사람도 가끔 다녀간다고 한다. 번시의 수이동이나 환런의 망천동은 유달리 동굴 안의 온도가 낮아 방한복을 입고 들어가야 한다. 동굴을 여행할 때마다 태고의 비밀스럽고 신비로운 자연을 접하는 기분이 들곤 한다.

끝으로 동굴이면서도 중국 역사에서 빼놓을 수 없는 곳이 있어 적어 본다. 중국의 헤이룽장성과 경계를 이루고 있는 후룬베이얼 지역의 아리허(阿里河)라는 곳이 있다. 열차로 헤이룽장성 북부 최대 도시인 쟈거다치(加格达奇)를 지나면 그리 멀지 않다. 겨울에 찾아간 이곳은 영하 30도를 넘나드는 기온이 전혀 이상할 것이 없을 정도로 혹한의 날씨다. 아리허에서 차를 대절하여 하얀 눈으로 덮인 삼림의 숲을 30분 정도 지났을까? 눈으로 덮여 있었지만 냇가를 따라 산책로를 만들어 놓아 여름 나들이로 하루의 휴식을 갖기에 아주 좋을 듯하다. 운전기사가 다 왔다고 나를 내려준 곳은 가시엔동(嘎仙洞)이라는 동굴이다. 이 동굴은 여기를 오기 전에 들른 소수 민족인 어룬춘(鄂伦春)족 마을 사람들이 가보라고 추천해 준 동굴이다. 차에서 내리니 바위로 이루어진 동굴의 커다란 입구가 시야에 다가왔다. 지난번에 구이저우성의 여행에서 본 쯔윈(紫云)의 중동(中洞)이란 동굴이 생각났다. 안으로 들어가니 커다란 공간만이 덩그러니 드러나 있어 보였다. 순간적으로 이곳을 보려고 여기까지 왔나 하는 후회가 스쳐 갔다. 플래시로 주변을 둘러보아도 그저 하나의 커다란 동굴 그 자체였다. 검은 흙들이 경사지어 펼쳐져 있는 그곳에 혹시 나를 해칠 늑대나 곰이라도 자고 있지는 않을까 하는 불길한 생각도 들었다. 동굴을 나와 세워놓은 비석을 보았다. 신석기시대의 유적으로 2014년 문화재 보호구로 지정되었다고 쓰여있다. 즉 작년에 문화재중점구로 지정된 것이다. 그런데 이곳을 구경하고 귀국을 한 후 중국 역사를 잠시 들여다보는 시간이 있었다. 중국의 위진 남북조시대, 즉 우리가 잘 아는 삼국지연의 소설의 시기부터 중국의 최대 혼란기를 겪는 시기에 북위(北魏)라는 나라가 있었다. 북위는 북방의 오랑캐인 선비족이 세운 나라로 중국의 한족과 문화적으로 융화하고자 하는 여러 정책을 시도했다. 그런 북위의 선비족의 근거지가 바로 수천 리 떨어진 북방 네이멍구 후룬베이얼 지역이다. 그리고 가시엔동이라는 동굴이 그들이 살았던 무대라고 한다. 이 동굴에서 천 명이 생활했다는 역사적 기록이 있다는 것은 참으로 신비로웠다. 이 동굴의 천 명이 자손을 키워 한때는 중국의 한족을 위협하고 하북에 나라를 세웠다는 것이 놀라운 일이 아닐 수 없다. 어룬춘의 마을 사람들이 가보라고 한 그 역사적 의미를 이제야 크게 새기고 있다. 지금도 그 조상의 뿌리를 둔 선비족이 매년 그날의 영광을 재현하고 있다고 한다. 아마 어룬춘족이 그들일지도 모른다. 이곳 소수 민족의 축제에서 청년들의 기마술과 기상이 그렇게 말하고 있기 때문이다.

윈난(云南)의 3림(三林)

　　　　　　　　중국 윈난성은 사계절 봄이라고 하면서 세
계 꽃 박람회를 열어 수많은 관광객이 찾아온다. 20여 개의 소수
민족이 함께 살아가고 있어 지역마다 다채로운 문화를 접할 수 있
다. 그리고 그들이 보여 주는 다양한 축제는 여행자들에게 언제나
새롭게 다가온다. 그 옛날 차마고도라는 길을 통하여 티베트를 지
나 인도와 물자를 교역하는 시발점이기도 하다. 중국의 가장 유명
하다는 푸얼차가 윈난에서 나고 인류의 식량인 벼의 출현한 곳이
이곳 윈난성이다. 윈난의 위안양(元阳)이란 곳에 가면 다랑논의 아
름다운 극치에 빠져들게 된다. 이 밖에도 윈난성 서부로의 오지
여행하면 험준한 계곡과 설산 아름다운 호수들이 즐비하다.

　아무튼 이번 테마는 중국 윈난성의 3림(三林)에 대한 이야기다.
삼림이라고 하면 머릿속에 언뜻 나무로 우거진 숲이 떠오른다. 하
지만 윈난 3림은 성분이 바위로 구성된 스린(石林), 흙으로 구성된
투린(土林), 모래로 구성된 샤린(沙林)을 말하는 것이다. 스린은 쿤
밍(昆明)에서 동쪽으로 차를 타고 가면 1시간 이내에 도착한다. '돌

의 숲'이라고 하는 스린은 역시 윈난을 여행한다면 거의 가보지 않은 여행자들이 없을 정도다. 나 역시 윈난을 갈 때면 이곳을 들르곤 했다.

아주 오랜 옛날에 스린은 바닷속에 존재해 있었다고 한다. 베이징의 북해공원도 과거에는 바다였기에 바다 '해(海)'자가 쓰였다. 쓰촨성 서부의 '샹그릴라'라고 하는 야딩(亞丁)을 간 적이 있다. 고원지대인 리탕(理塘)에서 타오청(稻城) 가는 길에 해자산(海子山)이 있다. 자갈 바위 같은 산 같기도 한 해자산도 바다였다고 한다. 이 정도면 중국의 국토가 예전에 바다가 아닌 곳이 어디였을까.

그 옛날 지구에 차지하고 있는 육지의 크기가 얼마나 작았을까 하는 생각도 해보았다. 스린 역시 대륙의 이동에 따른 지각 변동으로 해저의 암석과 암반들이 돌출 융기된 현상이다. 암석의 기이

윈난성 스린

윈난성 웬모 투린

함에 놀라고 떨어질 듯 올려진 바위가 사람의 마음을 섬뜩하게 만든다. 바위 사이의 미로를 헤매다 보면 어느새 한나절이 시간 가는 줄 모르고 지나간다. 지금도 땅속의 바위들을 발굴하면서 스린 주변을 넓혀 가는 중이라고 들었다. 이처럼 갈 적마다 변모해가는 스린의 경치는 윈난의 자랑거리가 아닐 수 없다.

스린에 들어서면 이족(彝族)의 전통의상을 입은 아가씨들이 안내한다. 안내하는 아가씨들은 가끔 스린 주변의 상점을 들르기도 하고 돌 숲의 길을 지나며 그들의 전통 민속 가요와 춤도 선보인다. 중국의 소수 민족이 살아가는 풍경구를 다니면 늘 이런 장면을 쉽게 접하곤 한다. 이족 아가씨들이 쓴 모자에는 뿔이 있는데 그 뿔이 접혀있으면 결혼을 한 여인이라고 한다. 그리고 사내가 아가씨가 쓴 모자의 뿔을 만지는 것은 청혼한다는 의미라고 한다.

다음으로 찾아간 곳이 투린이다. 투린 역시 여행자에게는 참으로 매력 있는 곳으로 추천받고 있다. 투린은 쿤밍 북쪽의 웬모(元謀)라는 곳에 있다. 투린은 간단히 말해서 '흙의 숲'이라는 것이다. 말로만 들으면 아무것도 아니지만 이 흙이 빚어낸 작품을 본다면 놀라지 않을 수 없다.

투린이 형성되는 과정을 지질학적으로 말한다면 그 또한 어렵지도 않다. 풍화작용의 유구한 세월에 힘입어 단단한 것만이 남은 결과물이라고 하면 틀리지도 않는다. 게다가 다행히 이곳은 비가 거의 내리지 않는다고 하니 투린의 자연현상을 오랫동안 그대로 유지할 수 있기도 하다. 다만 이것이 여행자들을 불러 모을 수 있는 풍광을 가질 수 있는가가 문제이지, 어디서든 이런 지질학적 구조에서는 당연히 생성되는 것이다.

한겨울에 가서 그런지 여행자는 보이지 않았다. 갈림길에서는 길을 헤매느라고 두세 배의 발품을 팔며 돌아다녔다. 긴 토굴을 지날 때는 무서운 기분이 섬뜩 다가오기도 했다. 뒤돌아보면 지나온 곳도 또 새롭게 보였다. 선녀궁(仙女宮), 선인동(仙人洞), 영소보전(靈霄宝殿), 동해 용궁(东海龙宫) 등등 갖가지 형상에 따른 이름을 붙여 두었다. 보는 각도에 따라 형상을 달리하고 있는 흙의 숲길을 둘러보는 데 세 시간이나 필요했다.

언젠가는 세월의 흐름에 따라 투린은 풍화작용에 의해 사라질 것이다. 하지만 투린 주변의 산들이 다시 이렇게 변하여 인간의 발길을 끊임없이 불러 모을 것이다. 영원한 것은 영원히 존재하지 않지만 또 다른 새로운 것이 탄생하기도 한다. 구경을 마치고 돌아 나오는 데 매표소의 군복을 입은 아저씨가 나를 불러 세웠다. 그는 티베트에서나 볼 수 있는 긴 나팔을 가지고 서툰 솜씨로 어설픈 잡음만을 내뿜고 있었다. 나에게 어떠냐고 묻기에 잘 분다고 하면서 웃어주는 내 모습을 보고 더욱 힘주어 불고 있었다.

투린이 있는 웬모는 중국의 생물학적 역사에 있어서도 아주 중요한 이야기를 남기고 있다. 즉 공룡의 고향이라는 지역으로 공룡 화석이 출토된 지역이다. 중국 동북 헤이룽장성의 헤이룽장 중류 지역의 쟈인(嘉荫)이라는 곳도 공룡이 살았다고 박물관을 만들어 그들이 사는 지역의 자부심을 한껏 뽐내고 있다.

이후 5년의 세월이 지난 후 윈난을 다시 찾았다. 이번에는 윈난의 동부를 여행하면서 샤린을 볼 계획을 했다. 샤린이라는 의미를 굳이 말한다면 '모래 숲'이라고 말할 수 있다.

뤄핑(罗平)의 유채밭을 보고 루량(陆良)의 채색샤린(彩色沙林)으로 향했다. 뤄핑은 사흘에 한 번쯤은 비가 내린다고 하면서 숙소 복무원이 유채밭 구경을 마친 나에게 운이 좋다고 했던 말이 기억난다.

구름이 잔뜩 찌푸린 날씨에 루량에 도착했다. 루량(陆良)은 쿤밍에서 동쪽으로 시간 반이면 갈 수 있는 가까운 거리에 있다. 루량에서 시내버스를 타고 샤린을 가다 보면 마가(馬街)라는 촌 동네를 지난다. 이름 그대로 짐을 싣고 마을 골목을 누비는 마차를 자주 보게 된다.

샤린에 도착하여 한 청년과 함께 온 두 아가씨를 만났다. 햇살이 비추는 각도에 따라 색을 달리한다 하여 '채색샤린'이라 하는데 흐린 날씨 속에 색의 변하는 기대할 수가 없었다. 투린과 마찬가지로 샤린에서도 여행자가 우리 외에는 없었다. 겨울 여행은 스린과 달리 투린이나 샤린을 찾는 여행자가 많지 않은가 보다.

샤린을 둘러보는데 아무리 보아도 투린과 다른 특색이 보이지 않았다. 지식이 부족해서 그런지 구별을 할 수가 없었다. '모래 숲'

윈난성 루량의 채색샤린

이라지만 흙을 분석해 볼 여행자도 아니다. 단지 투린의 분위기를 느꼈을 정도다. 샤린의 길을 걷다가 도로 공사장에서 일한다는 두 청년을 만났다. 이들은 흙을 손으로 만지면서 뭐라고 말을 하고 있었다. 아마 도로에 사용하기 적합한가를 의논하고 있는 것은 아닐까 생각되었다.

사람은 자신이 무엇을 하는 사람이냐에 따라 보는 시각도 달리한다. 예술가가 보면 아름다운 조각품으로 보이고, 지질학자가 보면 흙의 구성 성분을 조사한다. 나 역시 여행하는 한 평범한 구경꾼일 뿐이다. 사람들이 인위적인 조각품을 만드느라 포크레인까지 동원하여 일하고 있다. 여행 중 특별히 추천하고 싶은 마음은 들지 않았다. 중국인들의 허풍스러운 말에 놀아난 기분이 들 정도다. 하지만. 아무리 볼품없는 곳도 가보지 않은 이에게는 언제나 궁금증과 호기심이 남게 마련이다. 스린과 투린을 보고 혹시 화룡

점정은 되지 않을까 싶어 찾아본 것에 만족했다.

하지만 윈난의 3림을 보면서 창조주의 작품에는 끝이 없을 것만 같다는 생각이 들었다.

중국의 협곡과 폭포

한여름 시원한 계곡에 들어가서 흘러내리는 물줄기에 몸을 담그면 신선이 따로 없다는 것을 느낀다. 시원한 수박이 곁들여진다면 아마 몸도 마음도 하늘을 날 것만 같은 피서가 될 것이다. 이처럼 계곡에 흐르는 시원한 물을 찾아 폭포여행을 느껴보는 것도 재미가 있을 것 같다.

중국이 가장 자랑하는 폭포 중의 하나가 황궈수(黃果樹)폭포다. 아시아에서 제 일을 자랑하는 폭포로서 세계 4대 폭포 중의 하나로 알려져 있다. 이 밖에도 크고 작은 폭포들을 곳곳에서 접하기도 한다. 협곡이 존재하면 낙차가 생기고 그 깊이나 폭이 깊고 넓을수록 폭포의 경관이 더욱 멋지게 다가온다.

중국인은 한 가지 특별한 특색만 있으면 '세계에서 하나밖에 없는' 이란 별호를 즐겨 달아 그것에 대한 의미를 더욱 부각시키곤 한다. 폭포가 많다는 것은 협곡도 많다는 의미와 별반 다르지 않다. 워낙 국토가 넓으니 그럴 수밖에 없다. 그런데 이들은 그냥 협곡이라 하지 않는다. 모두 앞에 '대(大)'자를 써서 대협곡이란 말을 한다. 실제로 협곡을 다녀 보면 대협곡이란 말을 해도 지나치지 않을 정도로 규모가 크다. 산시성에 있는 미엔산(綿山)이나 타이항산(太行山)대협곡을 다니면서 산 위를 보면 몸을 가누기가 어렵고 목이 아플 정도로 높이 솟아 있다. 그리고 산의 중턱으로 난 길에서 협곡 아래를 내려다보면 아찔할 정도다. 이는 타이항 산맥을 타고 이루는 모든 산이 그렇다. 통천협(通天峽)이라는 곳을 가서도 협곡의 진수를 느낄 수 있었다.

또 협곡이 평지에서 아래로 형성된 협곡이 있는가 하면 산에서 계곡을 형성하여 이룬 협곡도 있다. 평지에서 아래로 내려가는 협곡으로 대표적인 것이 구이저우성 마령하대협곡이고, 산 위로 올라가 형성된 협곡으로는 중국의 그랜드 캐니언이라 불리는 후베이성 언스대협곡을 꼽을 수 있다.

이들의 지형적 특성을 살펴보면 북방은 주로 산 위에 협곡이 형성되어 있고, 남방지역은 평지에서 아래로 형성되어 있다. 그래서 충칭 가까이 있는 금불산, 천생삼교, 흑산곡 같은 곳은 모두 산 위에 협곡이 형성되어 있고, 광시좡족자치구 서쪽 징시(靖西)의 통령대협곡(通靈大峽谷), 광둥성의 북쪽 류우엔(乳源) 부근에 있는 광둥대협곡, 그리고 푸젠성의 타이닝(泰宁)에 있는 채하(寨下)대협곡 등은 평지에서 아래로 형성되어 있다.

아무튼 협곡의 깊이와 폭포의 크기는 어느 정도 비례한다고 할 수 있다. 구이저우성 즈진둥(织金洞)을 구경하고 황궈수폭포(黃果树瀑布)에 갔던 2008년도 겨울이다. 이 해는 중국이 몇십 년 만에 찾아온 혹독한 겨울 날씨라고 한다. 매일 숙소를 정할 때마다 난방장치가 되어 있지 않아 추위에 떨었다. 게다가 따뜻한 지역이라고 방의 외벽 자체도 얇은 벽돌로 되어 있다.

이곳에 지팡이를 쥐고 술병 같은 호로병을 허리춤에 찬 한 인물

후베이성 언스대협곡

이 조각되어 있다. 중국의 대 문학가이고 여행가라고 쓰인 서하객(徐霞客)이라는 사람이다. 나는 이 사람을 한동안 주시했다. 22세에 집을 나와 중국 곳곳을 주유하다 56세의 일기로 짧은 생을 마감했다. 문명도 전혀 발달하지 못한 시대에 언제나 걸어서 다닌 그의 여행의 삶은 생각만 해도 아찔하다. 온갖 질병과도 싸워야 하고 산속의 두려운 짐승과도 위험을 피할 수 없는 시절이었을 것이다. 시대는 달라도 그와 마주하고 있는 순간에는 많은 생각을 했다. 오랜 옛날 인적이 드문 이곳을 주유하면서 서하객은 무엇을 생각했을까?

아마 우리나라의 방랑시인 김삿갓 같은 사람이었을 것이다. 한 시대를 풍류객으로 살다 간 김삿갓의 묘는 영월 어느 한 귀퉁이에 있고 그의 시는 지금도 회자하고 있다. 서하객도 황궈수폭포의 떨어지는 물소리를 들으며 아래를 굽어보고 있다. 행복의 조건을 비교해 본다는 것도 참으로 우스운 이야기다. 스스로의 물음에 만족하면 그 자체가 행복한 것이 아닐까? 노년의 삶에 다다를수록 사람은 자연 속에 기대기를 좋아한다. 길 떠나는 서하객의 하얗게 빛나는 턱수염을 보면서 오늘 행복의 열쇠가 진정 어디에 있는가를 잠시 되짚어보았다.

폭포를 향해 아래로 내려갔다. 겨울의 황궈수폭포가 날씨만큼이나 쓸쓸해 보였다. 수렴동(水簾洞)으로 들어가 폭포에 안겨보았다. 바깥세상과 별개로 존재하는 세상에 있는 듯하다. 떨어지는 물줄기가 온통 흰색의 천으로 나를 휘감고 있는 기분이다. 중국의 폭포를 다니다 보면 수렴동이라는 것이 눈에 띈다. 이 의미는 폭포의 뒤로 가면 떨어지는 물방울의 형상이 '방문에 발을 쳐 놓은 형상'으로 보인다는 뜻에서 만들어진 이름이다. 폭포를 떠나면서 떨어지는 물소리가 을씨년스러운 날씨 속에 점점 멀어져 갔다.

6개월 후 폭포를 찾아 산시성(섬서성)과 산시성(산서성)의 경계에 있는 후커우폭포(壺口瀑布)로 향했다. 산시성의 성도 타이위안(太原) 아래에 있는 핑야오구청(平遙古城)을 들른 뒤 지현(吉县)으로 가는 차에 올랐다.

장마가 지나갔는지 도로가 거의 진흙 빛이었다. 한참을 가더니 차가 개울가로 접어들었다. 이상하게 생각하여 물으니 아스팔트 도로가 끊어져 임시로 개울로 길을 냈다고 한다. 덜컹거리며 건다시피 한 차는 저녁 어둠이 되어서야 나를 지현에 데려다주었다. 쓰촨성의 쓰촨대학의 교수로 있다가 퇴임하셨다는 분의 도움으로 외국인을 거절하는 숙소에서 묵을 수 있었다.

다음 날 잔뜩 흐린 날씨였지만 비는 곧 올 것 같지 않았다. 봉고차를 타고 후커우폭포로 향했다. 후커우폭포에 다 왔다고 말하는데 폭포가 보이지 않았다. 게다가 봉고차의 여자 안내원이 입장

구이저우성 황귀수폭포

료 값은 받고 표는 주지 않았다. 상황을 살펴보니 매표소와 은밀한 결탁 하에 입장료 값을 서로 나누어 가지는 행동을 하는 것 같았다. 여행 중 이런 상황을 가끔 겪어 보았기 때문에 쉽게 눈치챌수 있었다. 아무튼 같이 간 사람들과 폭포를 본다고 황하의 물결로 다가갔다. 폭포에 가까이 가서야 '와 폭포구나.' 하는 것을 실감했다. 평지에서는 보이지 않고 가까이 가야만 아래로 떨어지는 장관을 볼 수 있다.

후커우폭포는 중국인의 기상을 상징하는 폭포라고 말할 수 있다. 황하는 칭하이성 곤륜산맥에서 발원하여 간쑤성, 닝샤후이족자치구와 네이멍구, 산시(섬서)성, 산시(산서)성, 허난성을 거쳐 산둥성 황해로 흘러나간다. 남쪽에 삼국지의 역사가 물씬 풍기는 양쯔강이 흐른다면, 북쪽에는 황제들이 천하를 평정한 지혜로운 이야기들이 담긴 황하가 흐른다.

중국의 황제들이 수도를 정한 시안, 뤄양, 카이펑 모두가 황하의 물줄기에 의존하고 있었다. 내 생각이지만 양자강을 중심으로 일어난 작은 나라들은 크게 부강하지 못했다. 늘 북방의 오랑캐 또는 진나라, 당나라, 명나라, 청나라에 멸망했다. 산수 화려하고 온화한 문화가 거친 황토 고원을 달리는 말의 문화와 싸워 이길 수 없는 요소가 있지는 않았을까 하는 생각도 해본다. '중원을 장악하는 자가 천하를 얻는다.'라는 말이 이래서 생겨났는가 보다.

우리나라의 역사를 보아도 이와 같았다. 산악지대가 대부분인 고구려가 워낙 강하여 신라가 홀로 당해내기 어려웠다. 그래서 신라는 당나라와 연합해서 고구려를 멸망시킬 수 있지 않았겠는가. 여하튼 TV에도 황토 고원과 황하를 중심으로 '황하'라는 다큐멘터리 10부작을 방영한 적이 있다. 이 방송을 보고 산시(섬서)성과 산시(산서)성을 다녀 보겠다고 결심한 계기가 되기도 했다.

현대판 시인들이 후커우폭포에서 글을 남기고, 수많은 화가가 화폭에 폭포의 소리를 담았다. 조용히 흘러온 물결이 한순간 호흡을 거칠게 하고는 언제 그랬냐는 듯 소리 없이 아래로 흘러간다. 황하의 폭포가 굉음을 내며 무섭게 아래로 떨어져 만든 황톳빛 물방울들이 내 얼굴을 스친다.

지현으로 돌아온 나에게 안내원 아가씨가 다른 곳을 권하고 있다. 그러는 사이에 경찰이 다가와 불법 주차 현장을 카메라로 찍었다. 그녀는 급히 내려 경찰에게 봐달라고 애걸했지만 소용이 없었다. 주변 현지인들이 200위안이나 300위안 정도의 벌금을 물어야 한다고 말한다. 후커우폭포 매표소에서 번 돈이 여기서 쓸데없이 나가나 보다. 좋지 않게 번 돈은 이렇게 소용없이 소비된다는 것도 깨달은 후커우폭포의 여행이다.

산시(섬서)성, 산시(산서)성 후커우폭포

후커우폭포를 본 지 오랜 세월이 흘렀다. 2013년 겨울 나는 광시좡족자치구 서쪽 다신(大新)현에 있는 더톈폭포(德天瀑布)에 있었다. 난닝(南宁)에서 버스로 다신에 도착하니 더톈폭포로 가는 마지막 차가 이미 떠나버렸다. 다신터미널 근처에 숙소를 정하고 가까이 있는 양리구청(養利古城)을 둘러보았다. 마침 어느 노인의 생신 잔치가 있어 함께 즐기는 여유를 가져 보기도 했다.

다음 날 일찍 더톈폭포로 향했다. 버스가 도착한 곳에서 10분만 걸으면 폭포를 볼 수가 있다. 더톈폭포는 베트남과 국경을 같이하고 있는 곳이다.

예전에 베트남의 남부 호치민에서 하노이까지 해변을 따라 여행했던 기억과, 소수 민족의 삶을 보고 싶다는 생각에 베트남 서쪽 도시인 디엔비엔푸라는 곳으로 일주일간 여행을 한 지난날이 어렴풋이 떠올랐다.

매표소를 지나 언덕을 감고 도는 순간 더톈폭포가 눈에 들어왔다. 중국의 이곳저곳을 다니면서 이렇게 자연경관이 아름답게 보이는 폭포는 처음 보았다. 산이 병풍처럼 둘러쳐진 숲속에서 폭포수는 불쑥 나타났다. 짙푸른 숲의 3단 층을 이룬 폭포수가 하얀 띠를 늘어뜨린 듯 곳곳에서 토해내고 있다.

폭포 아래로 뗏목을 타고 지나가는 사람들이 여유롭다. 저편에서 시끄럽게 중국어와 베트남어가 섞여서 들려오고 있다. 물건을 하나라도 더 팔려고 하는 장사꾼들의 아우성이다. 길을 따라 도착한 상점 거리는 아이들도 물건을 파는 데 한몫을 한다. 국경의 표지판이 장사하는 상점 사이로 보인다. 이들에게는 국경이 그리 중요하지 않고 내가 어디 사람이라는 것도 개의하지 않는다. 오직 오늘의 수입이 자신들의 생계를 보장할 수 있으면 그만이다.

폭포를 가까이 보기 위해 뗏목을 타려고 밑으로 내려갔다. 저편에서 아가씨가 힘차게 뗏목을 타고 다가오고 있다. 다가온 아가씨는 담배와 각종 특산품을 내밀며 사라고 권한다. 결국은 한 상자의 담배를 샀지만 내가 떠나려 할 때는 더 싸게 준다는 말이 귀에 들렸다. 때로는 떠나면서 사는 것이 저렴할 때가 많다.

통링대협곡(通灵大峡谷)으로 향했다. 통링대협곡은 징시(靖西)현으로 가는 도중에 있는데 여행자들이 그리 찾는 곳은 아니다. 이유는 이것 하나를 보려고 가기에는 거리도 멀고 교통도 그다지 편리하지 않다. 그러나 이 협곡을 말한다면 나름대로 중국에서 자랑할 만한 풍경을 가지고 있다고 할 수 있다.

폭포를 가는 도중에 플래시를 비춰가며 들어가야 하는 선사시대의 동굴도 있다. 소름 끼치는 기분도 동굴 여행에 대한 호기심을 이기지 못했다. 한참 동안 계단을 내려간 후에야 밀림 같은 숲속의 길을 걸었다. 인기척이 없으니 두렵기도 하다. 폭포 뒤로 난

광시좡족자치구 다신현 더톈폭포

수렴동의 길을 지나올 때는 귀신이 잡아당길 것만 같은 으스스한 기분이 들었다.

세계 4대 폭포에 들어간다는 황귀수폭포와 중원의 역사가 흐르는 후커우폭포, 자연경관과 잘 조화를 이룬 아름다운 더톈폭포, 그리고 정글의 무서운 스릴을 느끼게 해 준 통링대협곡을 둘러본 여행이다. 시원한 물줄기의 폭포를 보면 마음이 후련하다. 없던 기운도 생겨나는 젊음을 느낀다. 자연이 주는 또 하나의 활력이고 은혜다.

중국의 호수

　　중국의 각 지역을 여행하다 보면 호수를 만날 때가 종종 있다. 일반적인 호수라면 그리 놀랄 일도 아니지만 바다 같은 호수를 만나기도 한다. 반대편이 잘 보이지도 않는 이런 호수들은 사막에서는 귀중한 식수원으로 각종 농작물을 키워내고, 초원에서는 대지를 적시며 가축의 먹이를 성장시키고, 사람이 모여 사는 곳이면 내륙이지만 어업으로 생계를 이어가도록 한다. 이처럼 여러 지류의 물줄기들이 모여 이룬 바다 같은 호수를 여행했던 기억을 기록해 보았다.

　　제일 먼저 생각나는 곳이 윈난성 동북에 있는 루구호(泸沽湖)다. 이 호수가 있는 지역은 지상낙원이라 불리는 샹그릴라(香格里拉, 中甸)가 가까이 있다. 그리고 샹그릴라 주변으로 험준한 계곡과 높은 설산들이 그림처럼 펼쳐진 아름다운 곳이다. 또한 윈난의 동북 지역은 여러 소수 민족이 살아가고 있는 최고의 여행지로 꼽힌다.

　　이 호수를 중심으로 나시족(納西族)이라는 소수 민족이 지금까지도 유일하게 모계사회를 이루며 살아가고 있다. 나시족의 전통

복장을 입은 여인들이 루구호에서 배를 타고 가는 모습은 한 폭의 그림으로, 그녀들이 부르는 전통 가요는 호수에 애절한 음률로 다가온다. 지금까지 중국 여행에서 루구호만큼이나 아름다운 호수를 만나지 못했다는 생각이 든다.

두 번째 가보았을 때는 관광객 유치를 위한 주변 정리가 잘 되어 있었다. 호숫가에는 손님을 태우기 위한 나룻배들이 길게 줄지어 있다. 이른 아침 나시족의 여인이 먹이를 손에 들고 호숫가에 날아다니는 새들을 불러 모으는 모습도 루구호의 아름다운 풍경이다.

아침 안개가 걷히니 아낙네들이 호숫가로 나와 좌판을 늘어놓고 손님을 기다린다. 이곳 안내원 역할을 하는 나시족 복장을 한 여인들도 손님맞이 준비에 분주하다. 15년 전 이곳에서 함께 찍은 여인의 사진을 들고 찾아 나섰다. 그녀는 리거따오(里格島)라는 루구호의 섬마을에 있다고 한다.

마을 중심에는 호숫가에 라마탑을 세워 짱족 티베트 불교의 향

윈난성 루구호

취도 남겨 놓았다. 여인들을 따라 탑을 돌다가 광둥성에서 자가용을 가지고 온 두 청년을 만났다. 이들 덕분에 자가용으로 루구호의 주변을 두루 다닐 수 있었다.

리거따오에 가서 여인을 찾았지만 볼 일이 있어 잠시 교외로 갔다고 한다. 아쉽지만 사진만을 남겨주고 떠났다. 루구호를 바라보는 반대편 언덕에 있는 작은 사찰도 둘러보고, 멀지 않은 곳에 티베트 불교의 오랜 역사를 지닌 짜메이스(扎美寺)라는 사찰도 다녀왔다.

정오가 다가오자 루구호를 떠나면서 두 청년은 나를 리장(丽江)까지 태워다 주었다. 루구호의 출렁이는 물결은 리장까지 나를 따라 다녔다. 다음 날 두 청년은 고맙게도 위룽쉐산 입구까지 데려다주고 떠났다.

두 번째로 칭하이성의 칭하이호(青海湖)라는 곳이 새롭다. 이 호수는 염분이 있어 염호라고도 하며 주변에 소금을 생산하는 작업장들도 볼 수 있다. 또 이곳에서 티베트를 가기 위해 기차를 타면 거얼무(格尔木)역에 도착하기 전에 주변으로 염전들이 길게 늘어져 있는 것을 쉽게 볼 수 있다. 호숫가 주변 초원에서는 말과 양들이 노닐고, 들판의 피어난 유채꽃에는 꿀벌들이 분주하게 오간다. 배를 타고 어딘가에 도착하니 호수에 넓게 자리한 모래벌판이 해수욕장으로 변해 있다. 함께 탄 배에서 이야기를 주고받았던 중국 장교들의 친절함과 예쁜 여군관과 함께 찍은 사진을 추억으로 지금도 잘 간직하고 있다.

이번은 티베트의 4대 성호(聖湖)라고 불리는 마나사로바라는 호수를 만났다. 이 밖에도 한 달간의 티베트 여행하면서 만난 호수

중 나무춰호(納木錯湖), 암드록춰호(羊卓雍錯湖)가 있다. 반대편에 만년설 봉우리가 늘어선 나무춰호는 라싸에서 가까워 라싸의 짱족들이 와서 신의 숭배를 남기고 가는 성스러운 곳이다. 산언덕에 길게 늘어선 암드록춰호는 모양이 우리나라의 커다란 댐과 같은 형상으로 그리 인상적이지 않았다.

　마나사로바호를 보기 위해서 라싸에서 일주일간을 알랑창포라는 강을 끼고 서쪽으로 달렸다. 사실을 말하면 우리나라에서 수미산(須彌山)이라 불리는 카일라스산을 보고 돌아오다 만난 호수다. 중국 여행 중에 해발 4천 미터가 넘는 높은 곳에 있는 호수로 가장 인상적인 호수라 할 만하다. 이 호수에서 바라보는 만년설의 카일라스산은 풀 한 포기 없는 사막 같은 대지에 하얀 삼각 고깔 모습이다. 천상의 계단처럼 층층을 이룬 설산이 어둠에 잠기면서 달빛에 경이롭기까지 하다.

　마나사로바호는 저 카일라스산이 있는 한 순례자들이 거쳐 가는 기도의 성호(聖湖)이다. 허름하게 지어진 사원(꼼바)의 좁은 계단을 오르내리는 신자들의 손에는 언제나 호수를 향해서 마니차가 돌아가고 있다. 수심은 깊어 보이지 않았지만 해발

티베트 마나사로바호

4천 미터가 넘는 고지대에 형성되어 있는 것만으로도 크게 인상적이었다. 호수 가까이 온실 같은 온천탕이 있다. 피로를 푼다고 고산증으로 숨을 헐떡이면서 온천욕을 즐겼다. 다음 날 마나사로바 호수를 보며 안전한 여행을 바라면서 세 번 절하고 떠났다.

한 번은 신장웨이우얼자치구를 여행한다고 시안에서 40여 시간 기차를 타고 우루무치(烏魯木齐)에 도착했다. 사흘 동안의 우루무치 여행을 마치고 다시 버스로 중국의 서쪽 변경 도시인 이닝(伊宁)이란 곳을 찾아 떠났다. 이닝을 얼마 남겨두지 않은 곳에 싸이리무호(赛里木湖)라는 호수가 있다. 캄캄한 밤에 도착한 호수에서 설상가상으로 비를 만났다. 앞이 전혀 보이지 않는 이곳에 버스 기사는 손님을 내려주고 떠났다. 플래시를 비추어가며 찾은 초원의 집 게르에 들어가니 아무도 없다. 이곳은 이슬람교를 믿는 웨이우얼족의 지역이면서도 몽골족의 주거형 태인 게르가 있다는 것도 이상했다. 나중에 알았지만 이 싸이리무호라는 호수의 이름도 몽골어에서 유래한 말이라고 한다.

비를 피하며 한참의 시간이 지났을까? 어떤 사람이 오더니 잠자리를 안내해 주었다. 여름이지만 한기가 스며드는 초원 벌판의 추운 날씨다. 새벽이 다가오자 주인이 오더니 고맙게도 떨고 있는 나에게 중국 군인이 입는 겨울 외투를 건네주었다. 따뜻했지만 무거운 외투인데다 비에 젖어 나의 어깨를 더욱 무겁게 짓눌렀다.

날이 밝아오자마자 호수를 산책했다. 저 멀리 호수 주변으로 식당처럼 보이는 건물들과 숙소 같은 게르들이 즐비하게 늘어서 있다. 여름 피서지로서 여행자들이 많이 찾고 있다는 것을 알 수 있었다. 호숫가는 날씨 탓인지 검은 물결이 심하게 출렁이고 있다. 이럴 때는 호수인지 바다인지 알 수가 없을 정도다. 그나마 호수 주변에 피어난 야생화들이 초원의 생명을 느끼게 해주고 있다. 제일 먼저 반겨주는 한 마리의 낙타가 한가하게 호숫가를 걷고 있다. 어느새 낙타는 나와 함께 여행의 반려자인 양 가까이 가도 두려워하지 않는다.

잔뜩 낀 구름이 호수를 뒤덮고 있다. 호수 안의 작은 섬에는 사당과 절이 있다고 하는데 낮게 깔린 구름 때문인지 보이지 않는다. 호수를 끼고 난 도로 위를 화물차들이 심한 소음을 남기며 바삐 지나가고 있다. 점심때쯤 낙타와 이별하고 야생화가 핀 호숫가를 바라보며 이닝 가는 버스에 올랐다.

중국의 동북을 여행한다고 헤이룽장성을 찾았다. 헤이룽장성은 지리적으로 왼쪽으로 네이멍구의 후룬베이얼(呼伦贝尔) 지역을 두고 오른쪽으로는 헤이룽장을 사이에 두고 러시아와 국경을 맞대고 있다. 역사적으로는 잠시 러시아가 헤이룽장성을 지배하고 있었던 적이 있었다. 이 시기에 러시아의 화물 운송 수단을 원활히 하고자 철도를 건설했다. 중국은 이 철도를 '중동철도'라고 한다. 중동철도는 헤이룽장성 동쪽의 쉐이펀허(綏芬河)에서 서쪽의 만저우리(滿洲里)까지의 대륙 횡단철도이다. 중동철도의 역들을 보면 러시아식 건물과 몽골식 지명들이 역사를 기념하기 위해서 혼재되어 있다. 이 철도를 따라 주변으로 커다란 호수가 세 개나 있다.

동북을 여행하면서 제일 먼저 찾아간 곳이 네이멍구 후룬메이얼 지역의 후룬호(呼伦湖)였다. 나중에 알았지만 후룬호 남쪽에 작은 호수가 있는데 그 호수 이름이 베이얼호(贝尔湖)다. 아마 후룬베이얼이란 지역 이름도 이 두 호수의 이름에서 유래한 것 같았다.

2016년 이곳을 여행하면서 자치(扎旗)라는 곳에서 택시로 잠시 후룬호를 본 적이 있었다. 이보다 1년 전에 이곳의 큰 도시인 만저우리를 다녀갈 때는 이런 호수가 있는지도 몰랐다. 그리고 세 번째는 우연한 기회에 기차에서 만난 젊은이가 이곳에서 양을 키우고 있다고 했다. 내년에 오면 양들과 함께 초원의 생활을 잘 느낄 수 있다고 하면서 놀러 오라고 했다. 나는 우리가 나눈 말들에 대한 약속을 지켰다. 만저우리로 가기 위해서는 서울에서 비행기로 2시간을 소요하여 하얼빈에 도착한다. 그리고 기차를 타고 20시간 정도를 가야 한다.

러시아와 국경을 접하고 있는 네이멍구 동북 최대의 국경도시 만저우리에 도착했다. 약속한 친구를 만나기 전까지는 마음이 불안했다. 하지만 그는 기차역에서 나를 기다렸고 하루 머무는 동안 만저우리의 도시를 구경했다. 그의 집은 만저우리의 변두리에 있는데 러시아에서 수입한 목재가 많이 쌓여 있는다.

어둠이 내리니 멀지 않은 언덕에 화려한 불빛을 토해내는 아름다운 건물이 보인다. 러시아식 건물의 혼례당이다. 이곳에서 내려다본 만저우리 시내의 야경은 관광객들에게도 주목받을 정도다.

다음 날 친구의 차를 타고 양떼가 있는 곳으로 향했다. 초지는 메말라 있었다. 원래 일주일 정도 초원 생활을 경험하고는 다른 곳으로 친구와 같이하는 여행을 계획하였지만, 그 친구는 천오백 마리의 양들을 데리고 초지가 풍부한 곳으로 이동해야 한다고 한다. 그래서 열흘 동안 200㎞를 같이 이동하는 새로운 경험을 하게 되었다. 힘들었지만 마음속으로 좋은 기회라고 여기며 그들과 함께한 일들을 기록했다.

귀국하자마자 이 생활을 '후룬베이얼 양떼 몰이'라는 주제로 책을 출간했다. 아주 얻기 어려운 만족한 기회였다고 늘 생각하고 있다. 이 당시 후룬호를 지나면서 호수에서 편안한 시간을 즐기는 여유가 있었다. 비가 오지 않아 호수 근처에 사는 사람들이 기우제를 지내려고 마을버스에 올랐다. 나도 호기심으로 그들을 따라 차에 올랐다. 차는 모래 둔덕길을 한참을 달려 후룬호에 도착했다. 호수 안에 엉성하게 꾸려진 널빤지 위의 제단에 두 마리의 양고기가 올려 있다. 잠시 후 백여 명 정도의 사람들이 호수로 다가와 그들만의 전통적 풍습에 따라 기우제를 지내고 있다. 마을 촌장이 절을 하면서 주문도 외우고 사람들은 호수에 고깃덩이를 던진다. 심지어 아이들까지도 사탕을 호수를 향해 던지기도 한다. 기우제가 끝나자 마을의 축제인 양 호숫가에서 삼삼오오 모여 가지고 온 술과 음식을 나눈다. 나 역시 그들과 함께 음식과 양고기, 술로 포만감에 젖었다. 우리는 몽고반점이라는 공통의 혈연을 가지고.

후룬호는 달라이호(达赉湖)라고도 한다. 저편이 보이지 않는 호수는 초원에서 흘러드는 물을 모두 담아서 후룬베이얼 북쪽의 초원을 적시면서 헤이룽장으로 흘러간다. 이렇게 초원을 적시면서 많은 양과 소 말 등의 가축을 키워낸다. 이곳의 우유와 양젖의 품질이 우수하여 베이징 상하이 등 대도시로 공급되고 있다고 한다. 그래서일까? 후룬호의 청정함을 유지하기 위하여 이 호수에는 배를 띄우지 않는다고 들었다. 바닷가의 물결만큼이나 호숫가의 물결도 모래 턱을 넘나들고 있는 거대한 호수다.

다음은 차간호(查干湖)라는 곳으로 간다.

이 호수는 본래 지린성에 위치한다. 하지만 지린성의 서북쪽 송원시(松原市)에 위치해 헤이룽장성과 인접해 있다. 그래서 헤이룽장성을 여행하면서도 접하기가 그리 어렵지 않다. 게다가 기후적으로도 헤이룽장성의 기후와 다를 바 없을 정도로 겨울철에는

네이멍구 후룬베이얼 후룬호

매우 춥다. 그래서 이 호수는 겨울이 와야 그 이름값을 한다.

얼음 위로 트럭이 지나가고 얼음을 뚫어 고기를 잡는 특이한 어로 방식이 행해진다. 이를 보기 위해 극한의 추위를 마다하고 관광객이 모여든다. 그리고 중국 방송뿐 아니라 우리나라에서도 어로의 장면이 가끔 소개되기도 한다. 이러한 호수를 5월 중순에 다녀왔다. 건기를 만났는지 바닥을 드러낸 호수의 수초도 말라 있고 먹이를 찾는 새들의 부리도 힘이 없어 보였다. 갈대와 수초로 헝클어진 호수는 단편적이지만 어느 습지의 귀퉁이만을 보는 기분이었다.

이곳의 묘인사라는 절과 길상탑을 오가는 몇몇 중생들도 그늘을 찾아 따가운 햇볕을 피하고 있다. 이들에게 물어보니 며칠 후에 절에서 큰 불교 행사가 있다고 한다. 이들을 따라 절에서 하루를 묵는 중생의 수행자 시간을 갖기도 했다. 산 중턱에 커다란 좌불상을 바라보며 속죄와 여행의 안식을 얻는 소중한 기회였다.

이제 마지막으로 싱카이호(兴凯湖)라는 곳으로 가본다.

싱카이호는 헤이룽장성의 동남쪽에 있으며 러시아와 국경을 접하고 있는 호수다. 이 호수에서 흘러나온 물이 우수리강이라는 이름으로 헤이룽장과 합류하여 러시아 쪽으로 흘러 들어간다. 이 호수의 규모 역시 저편 러시아가 보이지 않을 정도로 넓다.

이곳은 후린(虎林)이라는 도시에서 그리 멀지 않다. 호림이라는 지명을 보아도 옛날에는 호랑이가 많이 살았던 험준한 삼림지대라는 것을 알 수 있다. 가을에 이곳을 찾았지만 이상기후인지 호수의 불어난 물이 바다의 파도처럼 호숫가로 밀려오곤 했다. 파도는 방파제의 둑을 넘기도 하고 반쯤 물에 잠긴 정자의 기둥이 둥둥 떠 있는 모양으로 곧 넘어질 것 같았다. 길게 펼쳐진 백사장에 매어 놓은 고기잡이 나룻배들이 출렁이는 물결 따라 춤을 추듯 흔들리고 있다. 호수를 여행하면서 이런 바다 물결 같은 파도는 보지 못했다.

호숫가 주변의 식당으로 들어갔다. 이곳에서 나는 특산어라는 '백어(白魚)'를 맛보았다. 모양은 붕어 크기로 약간 길쭉하고 가느다란 정도다. 길을 걷다 보니 잘 시설된 수문이 모인다. 이 수문이 주변의 벼농사 지대에 용수를 공급하는 역할을 충실히 하는 듯하다. 길을 사이에 두고 한쪽은 호수요 한쪽은 황금으로 익어가는

헤이룽장성 싱카이호

노란 벼들이 물결처럼 출렁이고 있다.

　여행은 굳이 유명한 곳이 아니어도 좋다. 어느 곳을 가든지 그저 여유로운 시간과 여유로운 마음이 함께하면 그 자체가 떠남의 행복이다. 이런 널따란 호숫가를 걸어볼 때면 잠시나마 나의 일상의 걱정과 고민을 벗어나는 기분으로 좋았다.

　이상으로 중국의 호수를 여행한 기억을 나름대로 정리해 보았다. 물론 중국의 대도시 주변에 있는 항저우의 시호(서호, 西湖), 우시의 타이호(태호, 太湖) 그리고 인위적으로 형성된 베이징 이허위안(頤和园)의 쿤밍호(곤명호, 昆明湖) 이 밖에도 중국 내륙 중심의 둥팅호(동정호, 洞庭湖), 포양호(파양호, 鄱阳湖) 같은 호수도 여행자가 들러볼 만한 매력이 있는 곳이다.

농촌의 미학(美學)

      중국의 구이저우성이나 윈난성의 농촌은 참으로 그들의 삶과 인내를 잘 느낄 수 있는 곳이다. 또 농촌을 여행하다 보면 자연에 순응하고 함께 살아가는 지혜를 배우게 된다. 그들이 일구어 놓은 환상적인 계단식 논과 밭들은 한 폭의 그림이고 풍경화다. 지금도 현대의 발달한 농기계가 필요치 않은 그곳에서 그들은 평화로운 시간을 보내고 있다.

  구이저우성을 여행하면서 버스를 타고 창밖을 바라보면 항상 보이는 것이 계단식 논이다. 특히 구이저우성 싱이(※义)에 가면 만봉림(万峰林)이란 풍경구가 있다. 만 개의 봉우리가 있다하여 붙여진 이름이다.

  찾아간 날 이슬비가 내렸다. 원래 구이저우성은 사흘 볕을 계속 보기가 어렵다는 말이 있다. 만봉림에는 부이족(布依族, 포의족)과 먀오족(묘족, 苗族) 두 소수 민족이 살아가는데 사이가 나쁘다고 한다. 산의 봉우리가 만 개라 하지만 실상은 셀 수 있는 것도 아니다. 더 의미 있는 것은 아래로 보이는 밭의 형상이 만봉림의 가치

구이저우성 싱이 만봉림 팔괘전

를 더해준다. 이곳 안내원은 팔괘전(八卦田)의 형상을 한 밭을 가리키며 설명해 주었다.

이곳의 개울물이 일정부분 흐르다가 어디론가 사라진다. 물의 흐름에 따라 농사를 짓다 보니 저런 팔괘전의 형상이 되었다고 한다. 정말인지는 알 수 없지만 그렇다고 일부러 진기한 모양을 만들어 내려고 한 것도 아니었을 것이다.

아래를 내려가서 민가 주위를 걸었다. 날씨는 잔뜩 흐려 있는데도 마당에서 많은 사람이 모여 식사하고 있다. 이런 곳을 그냥 지나친 적이 없는 나는 함께 섞여 즐거운 하루를 보냈음은 말할 필요가 없다.

귀국하여 아내와 자식들에게 팔괘전 형상의 밭 모양을 보여 주었다. 아내도 아이들도 매우 신기하다면서 놀란 표정을 지었다.

윈난성 동쪽에 있는 푸닝(富宁)을 가기 위해 빠바오(八宝)라는 곳을 들렸을 때도 빠바오의 만봉림 같은 풍경구를 보았다. 수없는 봉우리가 내 앞에 나타났다. 또 다른 만개의 봉우리가 이곳에도 있다는 것을 보고 놀라웠다.

또 계단식 논의 진수를 보려면 윈난성 위안양(元阳)의 제전(梯田)을 가보기도 했다. 윈난을 여행하는 사람이라면 당연히 찾는 곳 중의 하나다. 특히 1월 말이나 2월 초에 가본다면 더욱 계단식 논의 매력에 잦아들 것이다. 이때 그들은 논에 물을 대는 시기이기 때문이다. 논에 물을 대면 햇빛에 반사되어 거울처럼 반짝거린다. 또 달빛이 비치면 계단식의 논들이 한 마리의 용이 되어 천상을 날아오른다. 이리하여 이 제전(梯田)은 자연의 위대함을 일군 세계 문화유산으로 등재되었다.

위안양에 도착하여 숙소의 프런트에 앉아 벽을 바라보았다. 커다란 액자에 믿기지 않을 정도로 그려진 듯한 계단식 논이 보인다. 이곳은 숙소마다 이런 사진을 벽에 걸어 놓았다.

일찍이 광시좡족자치구의 북쪽에 있는 룽성(龙胜)에 갔을 때도 칠성반월이라는 계단식 논을 보고 감탄한 적이 있었다. 룽성에서 멀지 않은 즈위안(資源)에 가서는 '하늘의 갈비'라는 이름을 가진 톈지(天脊)라는 곳도 보았다.

그러나 위안양의 계단식 논은 다른 지역과는 달리 규모와 아름다움에 더욱 빠져들게 한다. 계단식 논의 풍경구라고 일컫는 세 곳이 바로 빠다(坝达), 둬이촌(多依村), 라오후주이(老虎嘴)다. 새벽에 어둠이 걷히는 시간에 계단식 논을 본다면 더욱 장관일 거라는 숙소 주인의 말을 믿고 예약해 둔 차로 출발했다.

새벽길이 캄캄하여 어디로 가는지 가늠을 할 수가 없었다. 어둠 속에서 식사를 할 수 있는 자그만 식당에 들어갔다. 네 명의 어린 아이들이 식사하고 있었다. 너희는 이른 새벽인 지금 왜 여기 있느냐고 하니 학교에 가는 중이라고 한다. 이들은 모두 손에 각각 플래시를 들고 있다. 이 새벽에 등교하냐고 재차 물었더니 학교가 멀리 있다고 한다.

나는 아이들의 식사비를 대신 지불해 주었다. 아마 오늘 이 아이들은 아낀 돈으로 과자를 사 먹을 수 있을 것이고, 친구들에게 자랑을 늘어놓을 것이다.

계단식 논의 풍경을 감상할 수 있는 곳에 도착했다. 사람들이 일찍 왔으리라고는 생각하지도 않았다. 하지만 이미 많은 사람이 삼각대에 카메라를 꽂아 놓고 일출 속에 드러나는 계단식 논의 풍광을 기다리고 있었다. 어떤 사람은 방송국 사진 기자인지 차를 동원하여 각종 장비를 설치해 놓고 일출을 기다리고 있었다.

동이 트기 시작하는데 안개가 짙게 드리워져 있어 모두들 애가 타는 심정이다. 안개 속에 부분적으로 나타나는 계단식 논도 가히 일품이다. 촌락이 안개에 묻혀 계단식 논과 어우러져 엷게 나타나는 모습은 신선이 거처하는 한 폭의 동양화처럼 보인다. 이 짧은 순간을 맛보기 위해 기다림의 시간이 길어도 지루하지 않았다. 내일도 많은 여행자는 또 여기에서 동이 트는 새벽을 기다리고 있을 것이다.

오후의 햇살이 비치는 또 다른 논의 비경을 기다리면서 청구(箐口)라는 작은 촌락을 찾아갔다. 아낙네들이 입구에서부터 가사로 분주하게 움직이고 있다. 마을의 가옥 구조가 짚으로 엮어 만든 고깔모자 형태로 유난히 특이해 보인다. 이것이 하니족(哈尼族)의 전통 가옥이다.

안으로 들어가니 '하니족 문화진열관'이라는 곳이 보였다. 진열된 유물들도 관광객을 위하여 치장한 물건이 아닌 것 같았다. 조상 대대로 이어온 순수한 자신들의 생활용품처럼 보였다. 벽에는 소똥이 땔감으로 말려지고 돼지들은 집들 사이로 자유롭게 돌아다닌다. 한 아주머니의 허락으로 집안도 들여다보았다. 아주머니는 아래층에 있는 부엌으로 내려가 먹을 것을 가지고 올라왔다. 게다가 거실에서 자신의 전통 옷가지 등 소유품을 내보이며 자랑하기도 한다. 집을 구경시켜주어 고맙다는 인사를 건네고 마을을 떠났다.

다시, 오후에 보면 장관이라는 계단식 논을 보기 위하여 출발했다. 도착한 논의 풍경구는 참으로 놀라웠다. 산 위에서 내려다본 논 다랑이가 촘촘히 엉켜 있었다. 내 논이 어딘지 찾아간다는 것도 미로의 길일 것만 같았다. 안개가 걷히면서 물결처럼 논의 자태가 서서히 드러나고 있다. 햇살이 오감에 따라 계단식 논의 모양도 물감을 달리하고 있다. 소작농들이 저마다 일구어 놓은 논의

윈난성 위안양 계단식 논

풍경을 뭐라고 표현할 수가 없을 정도다. 햇살 아래 색깔이 변하고 구름이 지날 때마다 그 형상을 달리하고 있다. 위안양의 계단식 논은 이곳의 소수 민족인 하니족이 일군 위대한 자연 문화유산임이 틀림없어 보였다.

여름과 겨울의 휴가 기간을 이용하여 여행할 수 밖에 없기에 제철에 맞게 다닐 수 없다는 것도 늘 아쉬움으로 남는다. 하지만 생각의 차이일 뿐이다.

이후 간쑤성을 여행하다가 칭하이성 시닝(西宁) 북쪽에 있는 먼웬(门源)의 광활한 유채밭을 찾아갔다. 먼웬에 도착하니 날씨가 예상과는 달리 선선하다. 여장을 풀고 유채밭을 보러 갔으나 꽃은 이미 지고 말았다. 길을 걷다 벌에 쏘인 손끝이 계속 신경을 건드린다. 주민의 말로는 7월 중순이 만개하는 시기라고 한다. 유채밭 너머 저 멀리 보이는 설산이 이곳의 날씨를 말해주는 것 같았다.

광활한 유채밭의 푸르름만을 보면서 전망대 위에서 잠시 쉬었다. 표지석 주변에서 놀고 있는 네 명의 청년들과 함께 기념사진을 남기고 숙소로 돌아왔다. 어제저녁 늦게 시닝에 도착할 때도 천둥이 치고 비가 내렸다. 역시 이곳도 밤에는 천둥이 치고 잠깐의 비가 스치고 지나갔다. 밤에는 설산의 기운이 찾아왔는지 두툼한 이불이 그리웠다.

다음 날 간쑤성 장예(张掖)으로 가는 버스에 올랐다. 나이 지긋한 중년의 아저씨가 자리를 함께했다. 간쑤성에 집이 세 채이고 네이멍구에 한 채가 있다며 자랑을 늘어놓는다. 지금은 먼웬의 황금 광산에서 일하고 있다면서 주취안(酒泉) 주변에는 한국인들이 양파와 고추를 많이 재배하고 있다는 말도 덧붙였다.

칭하이성과 간쑤성 경계에서 경찰의 검문이 있었다. 검문이 끝나고 얼마 가지 않아 노란 꽃을 피운 유채밭을 차 안에서 보았다. 사진작가들도 전망대에서 카메라를 들고 유채밭 주위를 오가고 있다. 잠시 차를 세우고 싶은 마음이 간절했다. 이것이 내가 처음 본 중국 유채밭의 기억이다.

이후 윈난성 동부를 여행하다가 뤄핑(罗平)의 유채밭을 찾아가기도 했다. 이곳은 중국에서 유채밭으로 유명하여 많은 사진 애호가와 여행자들에게 사랑받는다. 하지만 이번에는 유채밭의 만개 시기를 열흘 정도 더 기다려야만 했다.

뤄핑의 유채밭은 2월 초순과 중순 사이에 유채꽃이 만개하여 장관을 이룬다. 뤄핑의 유채밭은 구경할 곳이 두 군데로 나뉘어 있다. 한 곳은 지대가 조금 높은 '로스티엔(螺蛳田)'이라는 곳이고, 한 곳은 평지에 있는 '진지펑(金鸡峰)'이라는 곳이다. 뤄핑의 구룡폭포를 구경하고 시내로 들어오는 길에 '로스티엔'을 볼 수 있다. 하지만 엷은 연무와 마주 보는 햇살 때문에 잘 감상할 수가 없었다.

다음 날 아침 다시 그곳에 갔다. 유채밭이 서서히 노란 꽃으로 물들기 시작할 시기다. 아래로 내려가 촌가를 둘러보면서 길을 걸었다. 유채 꿀을 얻기 위해 양봉하는 아주머니를 만났다. 천막 안으로 들어가 몇 마디 이야기를 나누면서 꿀 한 병을 사들고 나왔다.

한 가정집도 들어가 보았다. 아주머니는 호박을 잘라 씨를 꺼내고 있고, 아저씨는 지하 창고를 바쁘게 오가고 있었다. 남매라는 아가씨와 아이도 부모님의 일을 거들고 있다. 나는 그들과 같이 앉아 이야기를 주고받았다. 점심 식사도 같이하고 아가씨와 아이와 함께 유채밭 사이를 걸으면서 산책을 즐기기도 했다. 아가씨는 쿤밍에서 대학에 다닌다고 했다. 유채꽃이 만발하는 시기에 꼭 다

윈난성 뤄핑 유채밭

시 오고 싶다는 말을 남기고 '진지평'으로 향했다.

'진지평'으로 가려면 뤄핑 시내로 와서 다시 차를 타야만 한다. '진지평'에 도착하니 이곳은 유채꽃이 활짝 피어 있었다. 2014년의 겨울은 유난히 따뜻했기 때문인가 보다. 벌들이 '윙~윙' 소리를 내며 얼굴을 스친다. 도로변의 양봉을 하는 천막들이 줄지어 한 철의 기회를 얻고 있었다. 노오란 들녘에 점점이 솟은 야트막한 산봉우리가 부끄러움을 모르고 자태를 뽐내고 있다. 신혼부부 한 쌍이 결혼의 시작을 유채밭에서 만끽하고 있다. 나도 이들과 함께 한 장의 기념사진으로 유채밭의 추억을 남겼다. 온종일 유채밭에서 뒹굴었던 여행이다.

윈난성 북쪽에 둥촨(东川)이란 곳이 있다. 둥촨은 홍토지(紅土地)로 유명한 도시다. 홍토지를 구경하려면 둥촨에서 차로 반 시간 정도 산길을 올라 화시토우(花石头)라는 곳으로 가야 한다. 취징(曲靖)의 주장위안(珠江源)을 보고 아침에 출발한 차가 너무 지체하였는지 둥촨에서 화시토우 가는 차가 없다고 한다. 이리저리 방법을 찾고 있는데 마지막 차가 있다는 말에 가슴을 쓸어내렸다.

사실 몇 년 전에도 이곳에 왔었지만 시간에 쫓기어 반나절의 시간만 머물고 간 적이 있다. 차를 타고 산길을 오르면서 옛 기억을 더듬었다. 저 아래로 보이는 온통 하얀색 건물의 둥촨이란 도시가 점점 멀어지고, 앞산의 계단식 밭들이 그 위용을 드러내고 있다. 이번에는 자오쯔쉐산(교자설산, 轿子雪山)도 보겠다고 마음먹고 이곳을 찾았다.

화시토우에 도착하여 숙소를 잡고 주변의 가까운 홍토지를 둘러보았다. 붉은색 토양이 겨울 농한기의 실체를 숨김없이 드러냈다. 이들은 밀과 하얀색의 꽃을 피우는 유채와 감자 등을 재배하며 살아가고 있다. 길에는 마차가 다니는가 하면 산에는 풍력발전기가 돌아가고 있다. 이것이 고대와 현대를 살아가는 중국이라는 것을 늘 명심하고 다녔다. 상하이의 번화한 난징동루(南京东路)가 있는가 하면 전기도 없는 오지 산골도 수없이 많다. 문명과 자연이 공존하는 공간 속에 있음을 실감한다.

캄보디아를 갔을 때가 생각났다. 캄보디아의 오지라고 하는 '몬돌끼리'와 '라따나끼리'를 가본다고 붉은 황토색 대지의 길을 세 시간 이상 달렸었다. 먼지를 얼마나 뒤집어썼는지 저녁에 머리를 감으니 세숫대야에 온통 황토물일 정도였다. 추운 겨울의 화시토우에서 더웠던 황토 땅의 캄보디아가 갑자기 스쳐 갔다.

화시토우에서 볼거리를 두 군데 선정하라고 하면 다마칸(타마감, 打马坎)과 뤄샤거우(낙하구, 落霞沟)라는 곳이다. 다마칸은 새벽에 일출과 함께 감상하는 것이 좋고, 뤄샤거우는 오후에 해가 지는 모습이 아름답다. 어둠이 가시지도 않은 새벽에 자오쯔쉐산 방향으로 20여 분을 달렸다.

다마칸을 보기 위해 차에서 내렸다. 혼자다. 숲속에서 뭔가 튀

윈난성 둥촨 홍토지 뤄샤거우(落霞沟)

어나올 것만 같다. 나를 데리고 온 주인집 아저씨는 길에 차를 세
워 놓고 눈을 붙이고 있었다. 10분 정도 숲속의 좁은 산길을 올랐
다. 무서웠지만 이내 들려오는 사람들의 목소리에 안심할 수 있
었다.

　사람들이 좋은 자리를 차지하려고 이리저리 돌아다니고 있다.
동이 트고 아랫마을이 눈에 들어온다. 쌍둥이 같은 아름다운 기와
집들이 멋스러운 모습으로 다가왔다. 서서히 햇볕에 그을리는 붉
은색의 토양이 나타났다. 마을에서 갑자기 돼지의 울음소리가 들
린다. 춘절을 앞두고 돼지의 수난이 시작되는 시기이기 때문이다.
온 대지가 붉은색 물감으로 덧칠해져 있는 듯하다. 자연이 이렇게
신기하고 변화무쌍하다는 것에 감탄을 금치 못했다. 오후에는 뤄
샤거우로 향했다.

　뤄샤거우는 둥촨 방향이었지만 갈림길이 어딘지 전혀 알 수 없
을 정도의 허름한 농촌 길이다. 갈림길에서 조금을 내려가서 차가

원난성 둥촨 홍토지

멈추었다. 내려서 바라본 뤄샤거우는 한마디로 지상에 차려진 밥상 같았다. 붉은 토양의 밭들이 가을이면 풍요를 약속할 수 있을 것만 같았다. 얼마나 인상적인지 귀국 후에 이 사진을 확대하여 식탁이 있는 벽에 걸어 놓았다.

구경을 마치고 돌아오면서 밭에 비닐을 덮어씌우는 장면을 보고 차에서 내렸다. 그들과 함께 일을 해보겠다고 했지만 쉽지 않았다. 역시 반복된 숙련과 경험이 필요하다. 사람들은 가끔 이런 말을 한다. 사업이 안 되거나 할 일이 없는 사람들이 '농사나 짓지 뭐.'라고. 나도 농업 교사로 일생을 살았지만 농사도 과학이라는 것을 깨달은 지 얼마 되지 않은 것 같다.

숙소로 돌아오니 뒷밭에 부모님과 아들 셋이서 감자를 수확하고 있다. 이번에도 경험 삼아 같이 하려는데 아저씨가 몇 번을 하지 말라고 한다. 이상하다 싶어 자세히 보니 그들은 일하는 역할이 달랐다. 흩어진 감자를 수확하는데 큰 것과 중간 것, 작은 것을 구분하여 광주리에 담는다. 그리고 상한 것은 번개같이 가려내었다. 큰 밭의 감자가 얼마 지나지 않아 마차에 실려 돌아갔다. 어떠한 일이라도 일머리가 있어야 한다는 생각을 했다.

예전에 광시좡족자치구 다신(大新)현의 더톈폭포를 둘러보고 징시(靖西)현으로 가다가 사탕수수밭에서 일을 하는 아낙네들을 만났다. 차에서 내려 손수 수확해 보았다. 서투른 솜씨에 모두 웃는다. 광시성은 사탕수수가 유달리 많이 재배되는 지역이다. 겨울철이면 사탕수수를 가득 실은 트럭이 어디론가 분주히 가는 광경을 자주 볼 수 있다.

사탕수수 재배법을 물어보았다. 사탕수수는 3년에 한 번씩 심는다고 한다. 수수를 40~50센티 정도로 세 마디 남기고 자른다. 잘라서 땅에 묻으면 마디에서 뿌리가 나와 생장한다. 한 마디가 한 해 농사를 해결해 주고 있다는 것이다. 그래서일까. 외관상으

광시좡족자치구 사탕수수밭에서

중국 유랑 상

로 보면 사탕수수가 곧게 보이지만 막상 수확해보니 밑동이 구부러져 있다. 그 당시 그들과 잠시나마 함께 웃어가며 사탕수수를 수확했던 일들이 새롭게 느껴진다.

농촌은 순수한 사람들을 만나고 소박한 삶의 모습을 만난다. 각박한 도시의 생활에서 마음이 빈곤해질 때 잠시나마 농촌으로 향한다. 그곳은 자연이 그려내는 아름다운 풍경화가 있다. 농촌의 미학이다.

소수 민족 시장

윈난성은 소수 민족이 가장 많이 살아가는 지역으로 알려져 있다. 아직도 향촌(鄕村)으로 가면 교통이 그리 원활하지 않기도 하고 경제생활도 높은 편이 아니다. 어쩌면 우리나라 70년대 수준의 생활상을 보는 듯하다. 그래서 향촌의 시장을 다녀 보면 평온한 마음과 고향의 그리운 옛 추억을 마음껏 느껴 보는 시간도 될 것이다. 특히 이렇게 살아가는 모습을 보는 내 나이의 사람들은 어릴 적 향수를 느끼는데 좋은 여행이 될 것이라고 본다. 나만 그럴까.

우연이든 의도적이든 윈난성의 향촌 이하의 지역을 다니다 보면 마을에 장이 서는 광경을 흔히 볼 수 있다. 또 마을의 장날에 관심이 있다면 터미널에 근무하는 직원이나 버스 기사에게 물으면 자세하고 정확하게 알려 준다. 그들은 언제 어느 지역에 장이 선다는 것을 잘 알고 있다. 윈난성 관리국에서 농촌의 편리한 생활을 위하여 새해 초에 마을마다 장이 서는 목록을 만들어 배포한다.

쿤밍에서 남쪽으로 내려가면 베트남 국경과 접하고 있는 진핑(金平)이란 곳이 있다. 이곳은 따이족(傣族), 먀오족(苗族), 야오족(瑤族)이라는 세 부류의 소수 민족이 살아가고 있다.

진핑을 가는 도중에 우연이 카팡(卡房)이란 작은 촌락에서 장을 구경하였다. 많은 사람이 채소와 고기를 사고팔며 시끌벅적한 장마당의 광경이 마냥 즐거웠다. 1위안, 2위안하는 호빵 같은 '월병'을 먹으면서 붐비는 사람 사이를 헤집고 다녔다. 스님이 바닥에 염불 소리를 담은 스피커를 틀어놓고 앉아있어 예불도 드렸다. 지루함을 잊은 채 해는 기울고 있었다.

간신히 마지막 차 시간에 맞추어 진핑 가는 버스에 올랐다. 늦은 저녁에 도착하니 날씨도 을씨년스럽다. 숙소의 불을 지핀 아궁이 앞에 앉아 잠시 몸을 녹였다. 소수 민족을 보겠다고 갔지만 특별한 날이 아니면 소수 민족의 활동을 보기 어렵다고 한다. 이유

윈난성 카팡(卡房)의 장날

는 이들이 산촌에 흩어져 살면서 농사에 종사하느라 바쁘다고 한다. 장이 서는 날이면 어김없이 그들이 필요로 하는 생필품을 사기 위해 모여든다고 한다.

다음 날 계단식 논으로 유명한 위안양(元阳)으로 가는 차에 올랐다. 떠난 지 얼마 되지도 않은 곳에 삼가촌(三家村)이란 마을에 장이 선 것을 보고 또 차에서 내렸다. 삼가촌의 장은 카팡(卡房)보다 더욱 농촌의 서민적인 냄새가 풍겼다. 전통의상을 입은 여자아이부터 할머니까지 장터에서 분주하게 여기저기를 오가고 있다. 주로 여인들은 옷을 보느라 정신이 없고, 남자들은 농기구에 관심이 많았다.

장이 서는 바로 옆에 학교가 있어 들어가 보았다. 마침 교감 선생님이란 분을 만나 한동안 한담을 나누었다. 그리고 교감 선생님과 장을 구경한다고 함께 장 구경을 나섰다. 채소와 약초가 즐비하고 담벼락 옆에서는 새끼 돼지를 팔려고 한 농민이 하염없이 살임자를 기다리고 있다. 교감 선생님은 학교로 돌아오는 길에 '무과'라는 과일을 샀다. 또 한 학생에게 교정에 있는 나무에 올라 '무과'를 따오라고 한다. 학생이 위험해 보이는 나무에 올라 '무과'를 따가지고 왔다. 교감 선생님이 잠시 교무실로 가더니 캠코더를 가지고 나왔다. 나에게 과일을 깎아주고 내가 아이들과 장난치는 모습을 캠코더에 담았다. 마당 같은 조그만 운동장에서 남학생들은 이리저리 뛰어다니고, 여학생들은 고무줄놀이로 시끄러웠다.

캠코더를 얼마에 샀느냐고 물었더니 팔천 위안 정도라며 자기 월급 일 년을 아껴서 산 것이라고 한다. 마침 아이들의 점심을 준비하는 아주머니들이 '떠우푸피'라는 두부껍질 반찬과 돼지고기 그리고 분주하게 몇 가지의 채소 요리를 했다. 이 장터에서 교감 선생님과 '무과'라는 과일과 푸짐한 점심을 함께했음은 말할 필요가 없다. 교감 선생님의 따뜻한 정에 감사하고 삼가촌을 떠났다.

이런 농촌의 삶에 언제부터 관심이 생긴 것일까. 2014년 다시 윈난성 동부를 여행할 기회가 있었다. 이번에도 소수 민족들의 장터가 있다면 일부러라도 찾아다녔다. 베트남과 국경을 접하고 있는 허코우(河口)를 거쳐 마관(马关)에 도착했다.

다음 날 원산(文山) 방향의 포터우(坡头)라는 곳에 장이 선다는 말을 들었다. 아침 일찍 나서 포터우에 도착하니 이곳의 장은 규모도 작고 별로 재미를 느낄 수 없었다. 청년들이 먹고 있는 술과 양고기를 보고 은근히 주변을 기웃거렸다. 그들은 나를 보고 같이 먹자고 권하고는 이내 일이 있다고 먼저 일어섰다. 그러면서 술과 음식값은 계산을 했으니 마음 놓고 먹으라고 한다. 여하튼 집적거려야만 뭐가 생기는가 보다. 청년들의 호의에 푸짐하게 배를 채우고 장터를 돌아다니며 한나절을 보낸 기억도 새롭다.

마관에서 가까운 마리포(麻栗坡)에서는 숙소 주인이 바부(八布)에 성대하게 장이 열린다고 한다. 산세가 협곡을 이루고 있는 곳에 형성된 마리포는 조그만 현급의 도시다. 베트남과 국경을 접하고 있는 지역으로 마약이 성행하는가 보다. 경찰들이 마약을 단속하는 전단지를 나누어주기도 하고 게시판에 붙이기도 하는 모습을 볼 수 있었다.

다음 날 아침 장을 보러 가기 위해 마리포의 조그만 공원에서 봉고차를 탔다. 산길을 한 시간 이상 돌고 돌아 바부에 도착했다. 너무 일찍 갔는지 장터에 상품을 진열하기에 바쁘다. 바부의 거리를 걸으면서 옆으로 흐르는 냇물을 바라보았다.

어쩌다 내가 여기까지 흘러왔을까 하는 묘한 생각도 스쳐 갔다. 조금 있으니 어디선가 사람들이 길을 따라 시장으로 모여들었다.

원산 포터우 시장

가끔 물건을 가득 실은 마차가 와서는 한동안 소란을 피우며 물건을 내려놓고 떠나갔다. 특히 전통의상을 입은 여인들의 옷차림이 더욱 시장의 분위기를 돋우는 듯하다. 시장의 삼거리에서는 경찰들이 질서 유지를 위해 분주히 돌아다니고 있다.

얼핏 보았지만 윈난의 소수 민족 시장을 보면 시장의 분위기는 모두 비슷하다. 아주머니들은 등에 망태기 하나씩 지고 다닌다. 과일, 채소, 돼지고기, 아이들 과자, 등등 그리고 의류 가게를 다니며 필요한 것들을 사서는 망태기에 담는다. 망태기가 가득 차면 그들은 집으로 돌아간다. 오랜만에 만난 남자 어른들은 오전부터 주막집에 머문다. 그들은 한 잔 기울이며 며칠 동안 만나지 못했던 시간의 무료함을 달랜다. 길거리의 이발사도 한 몫을 차지하여 길을 붐비게 하고 있다. 자기 물건을 사달라고 스피커를 통해 나오는 소리와 여인들이 물건을 사고팔면서 떠드는 수다가 시장 거리에 한바탕 요동을 치곤 한다. 가끔 이곳을 지나는 대형 버스가 들어오면 길은 더욱 아수라장이 되어 버스가 언제 이곳을 벗어날 지 알 수 없을 지경이다.

그래도 재미있다. 사람은 소음 속에서만 살 수도 없고, 고요한 사색 속에서만 지낼 수도 없다. 때로는 어울림이 요구되기도 하고, 때로는 혼자만의 안정을 갈구하기도 한다. 오후에 접어드니 시장은 서서히 조용해지기 시작했다. 사람들이 집으로 돌아가고 나도 마리포로 돌아오는 마지막 차에 몸을 실었다. 지금까지 본 시장 중 가장 구경거리가 많았던 장마당이다. 시장을 보고 오면서 예전에 읽었던 성현(聖賢)의 이야기가 생각났다.

'다른 나라 인질로 갔던 왕자가 돌아오게 되었다. 신하들이 국경으로 왕자를 영접하러 갔다. 그들이 함께 돌아오는 길에 한 신하가 물었다.

'왕자님, 인질로 가실 때 서운하게 한 신하들이 있지요?'

왕자가 말하기를 '내가 다 적어 두었네.'

신하가 또 말하기를 '시장에 아침에는 사람이 많고 저녁에는 사람이 적은 이유를 아십니까?'

왕자는 말했다. '그거야 아침에는 살 물건이 있어 많고, 저녁에는 물건을 다 팔고 없으니 돌아가는 거겠지.'

신하가 다시 말했다. '일에는 반드시 오는 것이 있고, 이치에는 반드시 그런 것이 있습니다. 반드시 오는 것은 죽음이고, 반드시 그런 것은 사람이 부(富)하면 모여들고 가난하면 떠나는 것입니다.'

왕자는 이 말을 듣고 그동안 서운하게 생각했던 사람들을 적은 명부를 불태워 버렸다고 한다.

윈난성 마리포 바부 시장

차창을 비치는 농촌의 들녘으로 저녁밥을 짓는 연기가 올라오고 있다. 돌아오는 버스 안에는 아이를 안은 아주머니들의 밝은 웃음과 '삐~약'대는 병아리 소리가 오늘의 행복한 미소로 남았다.

윈난의 원산(文山)에 갔을 때의 일이다. 장이 크게 서면 볼거리가 많다고 하여 작심하고 찾아간 날, 하필 아침에 비가 내리고 있다. 주변을 기웃거리다 보니 젊은이들이 보따리를 들고 모여 있었다. 뭔가하고 보니 보따리 안에 닭이 들어있다. 싸움닭이다. 그들은 서로 닭싸움할 상대를 골라 돈을 걸었다. 나도 재미 삼아 상황을 보아 한쪽에 50위안을 걸었다. 운이 좋은지 이겼다. 나에게 100위안을 주었다. 나는 이긴 닭 주인에게 50위안을 주면서 한국인이라는 말을 남기고 떠났다.

중국 우화에 가장 싸움을 잘하는 닭을 목계(木鸡)라고 한다. 닭싸움을 좋아하는 임금과 닭을 조련하는 신하와의 이야기가 있다.

임금은 닭을 맡기고 싸움에 이기는 강한 닭을 만들어달라 했지만, 10일이 지난 후 신하는 "닭이 강하긴 하나 교만합니다."라고 대답했다. 또 10일 뒤에는 "교만함은 버렸으나 너무 조급해 진중함이 없습니다." 다시 열흘 뒤에는 "눈초리가 너무 공격적이어서 최고의 투계는 아닙니다."라고 대답하였다. 다시 10일이 지나 40일째 되는 날 왕이 묻자, "이제 된 것 같습니다. 다른 닭이 아무리 도전해도 움직이지 않아 마치 나무로 조각한 목계(木鷄)가 됐습니다. 어느 닭이라도 그 모습만 봐도 도망칠 것입니다."라고 대답하였다고 한다.

우리가 보는 멍청함은 살아가는 사회에서 잘 표현하지 않는 자의 행동일 뿐이다. 늘 자신의 감정을 통제하고 다스리는 자가 진정 위대한 승자임을 잘 대변해 주는 이야기다. 중국의 도가사상의 창시자인 노자와 함께 쌍벽을 이루는 장자의 우화는 언제 읽어도 나를 새롭게 일깨우곤 한다. 그래서 나는 장자를 좋아한다.

'검주에 사는 당나귀(黔驢之技)의 재주'라는 우화도 있다.

배고픈 호랑이가 당나귀를 잡아먹으려고 다가가곤 했지만, 당나귀의 몸체나 소리에 놀라 몇 번을 도망치곤 했다. 하지만 호랑이가 왔을 때 당나귀의 뒷발질이 그리 아프지 않은 것을 보고 실력이 형편없음을 깨달았다. 호랑이는 어렵지 않게 당나귀의 목을 물어 죽였다. 이를 두고 사람들은 당나귀가 뒷발질만 하지 않았어도 죽지 않았을 거라고 한다. 목계(木鷄)와 같은 이치를 일깨워 준다. 자기를 뽐내려는 행동이 때로는 자기를 잡아먹히게 하는 행동은 아닌지 살펴볼 일이다.

며칠이 지난 후 윈난의 동남쪽에 있는 푸닝(富宁) 근교에 있는 작은 마을인 리다(里达)로 향했다. 이곳 사람들이 리다란 곳의 시장이 또 볼만하다고 한다. 오후에 도착하여 작은 마을을 둘러보았다. 여기도 베트남과의 전쟁 역사가 있었는지 전적비가 있어 한 장의 사진을 남겼다.

내일 장이 선다는 말을 듣고 이곳에서 하루를 묵기로 했다. 숙소가 그리 좋지는 않았지만 하루를 버티고 아침을 맞았다. 이제는 신기하다기보다도 그들과 함께하는 시간이 더 소중한 것 같다. 한 잔의 술을 들면서 그들과 이야기하고, 한 끼의 식사를 하면서 그들과 웃었던 시간이 더욱 나를 행복하게 한다. 구이저우성을 여행하면서 늘 접하는 시장도 다녔고, 가난하지만 푸근한 그들의 넉넉한 마음을 부러워하기도 했다. 중국인의 격언에 '느린 것이 두려운 것이 아니라 멈추는 것이 두렵다.'는 말이 있다. '만만디'라는 정신을 경험해 보고도 정작 고국에 오면 왜 이리 '빨리빨리' 정신에 사로잡히는지 모르겠다. 이렇듯 가진 것이 없어도 편하고 밝은 그들의 표정을 보았는데, 귀국하면 가진 것에 대해 부족함이 이리도 많은지 모르겠다.

왜 그들은 행복해 보일까? 시장에서 만난 그들은 서로를 비교하지 않아서 편해 보이고 행복해 보이는 것일까? 아니 비교 대상이 없어 그런지도 모른다. 우리의 마음은 절대적 빈곤 보다 상대적 궁핍에서 오는 상처가 더 크기 때문이다.

하지만 비교를 통해서 나를 키워가는 자세는 절대적으로 필요하다고 본다. 비교는 경쟁을 낳고 그로 인하여 사회는 발전하게 된다. 국가 역시 다른 나라와 비교하면서 교역을 통하여 발전해 가는 것이다. 그리고 비교는 사회생활에서 항상 생기는 현상이다. 그런데 가끔 비교하여 타인의 장점을 허물어버리는 일을 하는 것이 바로 질투이고 시기이다.

우리가 어떤 물건을 살 때도 비교하게 되고 어떤 일을 할 때도 항상 비교하게 된다. 부모가 자식에게 '옆집 아이보다 왜 성적이 나쁘냐.'라고 하는 말을 하지 말라고 한다. 그러나 부모는 더 잘하라는 의미일 뿐이다. 말 그 자체를 바보라고 하는 의미로 받아들이는 자세가 더 문제다. 이 말이 틀린다면 자식이 부모에게 '왜 우리는 저 옆집보다 값싼 차와 작은 집에서 사느냐.'고 불만 섞인 행동을 보이는 것은 무엇으로 설명할까? 비교를 비난한다면 아이도 부모를 탓하는 말을 하지 말아야 한다. 아이로부터 이런 말을 들으면 부모 역시 말은 하지 않더라도 가슴은 얼마나 아플 것인가? 결론은 가족 모두가 잘해보자는 의미로 받아들이면 좋을 것 같다. 우리가 월드컵 같은 중요한 축구를 보다가도 '저 바보 같은 녀석' 하고 비난의 말을 하는 것은 걱정하고 관심과 애정의 표현일 뿐이다. 그런데 옆에서 '그럼 네가 해 봐'라고 하면 할 말은 없다.

끝으로 오래전에 여행했던 신장웨이우얼자치구의 기억을 첨가해 적어 본다. 행운인지 모르나 다니는 도시마다 웨이우얼족의 '바자르(장날)' 문화를 잘 느낄 수 있었다. 쿠처(庫车)나 카스(喀什), 허티엔(和田)에서 모두 크게 '바자르'가 열리는 날 도착했다. 후이족의 장터에 가면 주로 카펫과 칼을 파는 상점이 많다.

칼을 파는 상점에 들렀는데 주인이 칼을 편 채로 내 목 가까이 대면서 '살 거냐.'하고 물어올 때는 섬뜩하기까지 했다. 같은 후이족문화권인 이란을 여행할 때도 시장을 다녀 보았다. 카펫과 보석상이 즐비한 곳에서는 '차도르(여인들의 검은 옷)'를 입고 '히잡'이라는 천을 두른 여인들이 많았다. 이란은 다른 나라보다 최고로 친절했다는 인상을 지울 수 없었다. 우리나라 드라마 '주몽'에 취해

있었고 지나가는 시내버스도 이방인인 나에게 인사를 하고 지나
갔다. 잔디에 앉아 있으면 여인들이 먹을 것도 갖다 주기도 했다.
어디를 가도 서민들은 늘 악한 마음이 없어보인다.

　때로 부족함에 마음이 찌들면 밝은 모습의 얼굴이 비치는 그곳
에 가보고 싶다. 행복은 희망이 있고 그 희망이 있는 곳에 존재하
는 것이다. 아니 행복은 의외로 물질적으로 더 가난한 곳에 있는
지도 모른다.

두룽강(独龙江)의 원미엔(紋面)

2015년 새해 첫날을 윈난성 서쪽 미얀마와 국경을 접하고 있는 두룽강이라는 곳에서 맞았다.

이곳을 가기 위해 2014년 12월 28일 인천에서 비행기를 타고 톈진(天津)을 경유해 쿤밍에 도착했다. 다음 날 쿤밍(昆明)에서 바오산(保山)을 가는데 고속도로에서 8시간을 소비했다. 또 하루가 지난 30일, 4시간 걸리는 류쿠(六库)라는 곳을 가서 커피 재배단지를 견학했다. 그리고 연말 세모에는 윈난 서북쪽 막다른 골목의 끝 도시인 궁산(貢山)을 향해 또 8시간을 달렸다. 멀기도 하고 험하기도 한 길이다.

하지만 윈난을 올 적마다 이곳은 늘 마음 속에 '가보고 싶다.' 하는 생각을 떨칠 수가 없었던 곳이다. 류쿠에서 누강(怒江)을 따라 푸궁(福貢)을 지나 궁산으로 가는 일대에는 5개의 소수 민족이 거주하고 있다. 인구가 가장 많은 리수족(傈僳族), 다리(大理) 지역에 거주하는 바이족(白族), 티베트의 짱족(藏族), 두룽강에 독룽족(独龙族) 그리고 가장 적은 인구인 빙중뤄(丙中洛)에 거주하는 누족(怒族)

이 있다.

새해 첫날을 맞아 피로를 잊은 채 바로 두룽강으로 향했다. 예전에는 궁산에서 두룽강을 가려면 9시간이나 걸리는 길이었다고 한다. 겨울에는 눈이라도 내리면 교통이 끊기기 일쑤이고, 차도 없어 벌목하는 트럭들이 갈 적마다 상황을 봐서 가볼 수 있는 곳이라고 들었다. 하지만 3년 전에 도로가 아스팔트로 정비되고 확장되어 4시간이면 간다고 한다.

바로 하루에 두 번 있는 소형 봉고차에 몸을 실었다. 차는 궁산을 벗어나자마자 어느새 산길로 접어들었다. 백 미터 직선도로가 없을 정도로 굽어진 산길을 잘도 달린다. 저 멀리 설산도 하얀 이를 드러내듯 눈에 들어온다. 눈길이 두려워 운전기사에게 물으니 다행히 길에 눈이 내리는 상황은 극히 드물다고 한다. 그러나 길 아래 낭떠러지가 내려다보일 때는 마음의 조바심을 감내하기 어려웠다. 어느 정도 가더니 운전기사가 전망대에서 잠시 차를 세웠다. 저 멀리 보이는 설산이 첩첩의 산중에 있음을 실감이 나게 한다. 함께 타고 가는 이곳 현지인들과 한 장의 사진도 남기면서 길을 재촉했다. 갑자기 터널을 지나는데 마침 공사 중이어서 터널 안이 잘 보이지 않는다. 7㎞에 가까운 터널의 대공사가 이루어지고 있다는 것이다. 나흘을 소비하면서 드디어 두룽강에 도착했다.

오후 3시쯤에 여장을 풀고 자투리 시간을 이용해 푸커왕(普卡旺)이라는 곳을 찾아 나섰다. 마침 두룽강을 올 때 함께 타고 온 일행들도 푸커왕을 가기에 차를 얻어 탈 수 있었다. 알고 보니 운전기사의 가족들이 이곳을 구경하기 위해서 궁산에서 온 것이다. 아스팔트의 길이라지만 산중으로 들어가는 협곡이고, 미얀마 국경을 지척에 두고 있는 곳이다. 협곡을 따라 흐르는 두룽강 줄기는 깨끗하기 그지없다. 이 물줄기가 바로 미얀마의 대지를 두루 적시는

운남성 서북의 빙중뤄(병중락, 丙中洛)

이라와디강의 원류다. 푸커왕의 숲길을 산책하고 좁디좁은 산골 마을의 집들을 둘러보면서 한가한 시간을 맛보았다. 짧은 시간이 나마 마음의 여유를 주기에 충분했다.

두룽강 소학교 아이들이 마침 운동장에 모여 음악회를 하고 있다. 아이들의 노랫소리가 조용한 마을에 울려 퍼지고 있다. 선생님을 만나 아이들의 학교생활에 관해서 물었다. 400여 명의 학생이 모두 학교 기숙사에서 지낸다고 한다. 이 아이들은 주말이 되어야 곳곳에 흩어져 있는 자기 집을 다녀온다.

저녁 깊은 밤 잠자리에 들려오는 개울물 소리가 자장가처럼 들려온다. 계획을 하고 찾아온 여행지이지만 잠자리에 드니 어쩌다 내가 이곳까지 왔는가를 스스로 묻고 있었다. 피로한 탓인지 꿀잠에 취하고 새벽을 맞았다. 새벽 바람을 맞으며 거리로 나서니 학교 운동장에서 아침 기상을 알리는 음악이 들려왔다. 이 마을에서는 새벽잠을 깨우는 유일한 알람의 소리이기도 하다. 마을이라고 하지만 한 눈에 들어오는 작은 촌락의 모습 그 자체다. 아침 식사를 끝내고 10시에 학생들이 운동장에 모두 나와 체조를 한다. 체조가 끝난 후 저마다 맡은 지역의 청소가 십여 분간 질서 있게 이루어진다. 교실로 들어가니 수업하는 아이들의 모습이 귀엽기 그지없다. 학생들은 절제된 단체생활에 매우 익숙해 보였다. 이곳저곳을 두루 다니면서 그들의 수업을 들여다보았다. 어느 누구도 나에게 관심이 없는 듯 이상하게 여기는 사람도 없다. 조금 큰 아이들이 배우는 교실에는 TV 시설을 이용한 수업을 하기도 했다. 이런 시골에서 첨단시설이 갖추어진 것을 보니 중국의 발전이 두려워하지 않을 수 없다.

오후에는 차를 대절하여 시엔지우당(献九当), 롱위안(龙元), 디정당(迪政当), 숑당(熊当)이란 마을들을 찾아다녔다. 이곳에는 두룽족이라는 소수 민족이 살아가고 있지만 인구는 5천을 넘지 않는다고 한다.

이곳의 풍습으로는 여인들이 얼굴에 문신의 점들을 새겨 넣는 '원미엔(紋面)'이라는 행위가 있다. 하지만 지금은 아쉽게도 이런 풍습이 사라진 상태라고 한다. 이런 풍습이 있었을 때는 보통 7~8세의 어린 소녀에게 행해진다고 한다. 그리고 '원미엔'을 하고 나면 약 두 달 동안은 얼굴의 아픔을 감내해야 한다. 처음 간 마을에는 이런 문신을 한 할머니가 돌아가신 지 얼마 되지 않았다고 한다. 물어보니 곳곳 마을에 몇 분씩 있지만 모두가 60세를 넘은 분들이라고 한다. 지금 남아있는 50명 정도의 이들이 죽고 나면 '원미엔'을 한 여인이나 풍습 모두가 사라질 것이다. '원미엔'이라는 행위는 여인의 미용을 위해서 한 행위라고도 하고, 오히려 못생겨 보이게 하여 남자들로부터 자기 아내를 지키기 위한 방법이라고

윈난성 두룽족 원미엔의 얼굴

도 하고, 또 산속의 짐승들이 위협을 느끼도록 하여 자기를 지키기 위한 행위였다고도 한다.

어느 것이 정설이든 여자의 본심은 아무도 모르는 것이다. 오직 아름다움을 향한 여인의 마음은 질투만큼이다 지독히도 따라다니는 것이다. 이런 풍습의 의미는 태국의 북부 지방의 유명 관광지 중의 하나인 '매홍쏜'에서 본 목에 금색의 쇠줄을 두루 감은 여인의 행위와 다름없을 것이다. 이 마을들을 지나면서 본 여인들은 베틀에서 천을 짜거나 밭에서 땅을 일구고 있었다. 남자들은 방에서 음악을 듣고 있거나 그늘에서 놀고 있는 것이 자주 보였다. 가끔 오토바이를 타고 어딘가를 다녀오곤 하는 것만이 마을의 생동감이었다.

인류가 살아오면서 자연스레 가지게 되는 풍습이 어느 순간부터 사라져가는 것을 볼 때 인류의 역사도 퇴보의 길을 걷는 것은 아닐까 하는 생각을 해 보았다.

두룽강에서 이틀을 보내고 궁산으로 나오는 차를 탔는데 궁산에 도착하니 문제가 생겼다. 1일 날 두룽강에 도착하면서 3일 날 궁산으로 돌아 나오는 차표를 예매해 두었었다. 2일에 나를 본 직원이 3일 아침 궁산으로 가는 차가 아이들을 수송해야 하니 오후의 차를 타라고 한다. 나도 여행의 일정이 있어 안 된다고 했다. 복무원은 아침에 다른 차를 구해주겠다고 하고는 헤어졌다. 3일 아침 그들이 구해 준 차를 타고 궁산에 도착했다.

궁산에 도착하니 운전기사가 차비를 달라고 한다. 미리 사 놓았던 차표를 내밀어 보였지만 자기 차는 개인차이기 때문에 차표가 해당되지 않는다고 한다. 나는 이중으로 차비를 내는 꼴이 되었다. 운전기사에게 차비를 주고 두룽강 가는 표를 파는 매표소에 가서 환불을 요구했다. 나이 지긋한 남자가 전혀 반환해 줄 기미가 없어 보였다. 두룽강 매표소 전화번호를 적어달라고 한 후 파출소에 가서 상황을 이야기했다. 젊은 경찰이 어딘가로 전화를 하니 바로 세 명의 경찰이 왔다. 나의 상황을 알고는 교통을 총괄하는 직원에게 전화한다. 젊은 경찰이 와서 다시 상황을 듣고는 매표소에 가서 환불해 주라고 요구했다. 그제야 나이 지긋한 남자가 돈을 내어 주었다. 이때도 경찰은 내 곁을 떠나지 않고 따라와 주었다. 나도 경찰에게 고마움의 표시를 거듭하고는 누족이 살고 차마고도가 시작되는 빙중뤄(丙中洛)로 여행을 계속했다. 늘 그랬듯이 여기서도 공안은 나에게 친절했다. 이래서 두룽강의 여행 추억이 더욱 아름답게 다가왔는지도 모른다.

동북의 소수 민족

동북 삼성이라고 하면 랴오닝성, 지린성, 헤이룽장성을 말한다. 하지만 실상 동북부라는 의미의 지역은 네이멍구의 북쪽도 이야기하지 않을 수 없다.

이곳에 사는 소수 민족 중에서 조선족, 만주족, 몽골족은 흔히 들어본 소수 민족이다. 그런데 어룬춘족(鄂伦村族), 어원커족(鄂溫克族) 다우얼족(达斡尔族)이 있다는 말은 생소하게 들릴 것이다.

이들 소수 민족이 살아가는 지방을 우연이 여행하게 되었다. 그렇다고 소수 민족이지만 그렇게 세간에 관심이 있는 민족도 아니다. 이들은 대부분 다씽안링(大兴安岭)이라는 북부 네이멍구와 헤이룽장성의 서쪽에 분포되어 있다. 처음으로 간 곳이 치치하얼(齐齐哈尔)에서 북쪽에 있는 따양쑤(大杨树)라는 곳이다.

어룬춘족은 중국의 소수 민족 중에 인구가 만 명도 안 되는 아주 적은 민족이라고 한다. 그런데 따양쑤라는 곳에 어룬춘족이 천여 명 살고 있다. 게다가 따양쑤 북쪽에 있는 자거다치(加格达奇)에서 멀지 않은 곳에 아리허(阿里河)라는 촌이 있는데, 이곳에 어룬춘

네이멍구 아리허(阿里河) 어룬춘박물관에서

족 박물관이 있다.

　여름이면 가셴둥(嘎仙洞)이라는 동굴과 함께 개울물을 따라 생
겨난 습지 등 볼거리가 있어 사람들이 많이 찾는다. 본래 북쪽의
가고자 했던 곳은 너허(讷河)라는 도시다. 그런데 기차를 타고 가
다 따양쑤에 사는 사람을 알게 되었다. 그는 따양쑤를 소개하면서
가보면 후회하지 않을 거라고 한다. 그래서 기차표를 연장하여 따
양쑤까지 가기로 했다. 마침 이분은 따양쑤 역 가까운 곳에서 숙
박업을 하고 있어 숙소도 쉽게 해결되었다.

　어둠이 내린 따양수에 도착했다. 밤안개가 낮게 드리운 역 앞은
불빛이 화려했다. 숙소에 가자마자 그는 자기 친구들에게 전화로
나를 소개했다. 주민들의 말에 의하면 따양쑤는 중국에서 면(面)
급으로 넓이가 가장 큰 진(镇)이라고 한다.

　그리고 보니 네이멍구를 다니면서 어얼뒤스(鄂尔多斯)에서 태양
광을 만드는 영리회사(英利公司) 사장을 만나 푸짐한 대접을 받을
때가 생각났다. 그들은 어얼뒤스의 어느 현(县)이 또 중국 현(县)

동북의 어원커족 공연

중에서 가장 넓다고 했다. 중국에서 '가장, 최고'라는 명칭이 붙는 다는 것은 그런대로 그곳 주민들에게는 남다른 자긍심을 가질 만 하다.

네이멍구의 북쪽은 후룬베이얼(呼伦贝尔)이라는 지역으로 하이 라얼(海拉尔)이란 큰 도시가 있다. 다음으로 가고자 하는 자거다치 가 두 번째로 크다. 그리고 여름에 들렀던 만저우리(滿洲里)와 자 란툰(扎兰屯)이 세 번째로 규모가 큰 도시에 속한다.

다음 날 아침에 식사를 하고 숙소로 돌아오니 이분의 친구들이 벌써 와 있다. 어느 분은 자신이 산에서 캤다는 목이버섯과 고사 리를 한 봉지씩을 나에게 선물했다. 또 어느 분은 오늘 나를 구경 시켜주기 위해 자가용을 가지고 왔다.

이런 말을 하면 설마 그렇게 친절하냐고 반문할지도 모른다. 실 제로 귀국 후 지인들에게 말하면 그저 나의 자랑거리로만 치부하 듯 관심이 없는 듯이 보였다.

나 역시 이런 호의에 어리둥절하면서도 감동을 한 적이 한두 번이 아니다. 처음에는 의심과 경계감으로 행동을 주의하기도 했다. 하지만 동북 사람들의 친절은 늘 이렇다는 인상이 들고부터는 중국 동북 지역의 여행이 항상 즐거웠다.

아침부터 따양쑤 중심 거리의 수석 전시관을 둘러보고 어룬춘족 마을로 향했다.

일행을 따라 어느 가정집을 들르니 노부부가 유리창으로 스며드는 태양볕을 받으며 침상에 앉아 있었다. 이들은 예전에는 산에서 수렵 생활하면서 살았다고 한다. 지금은 중국 정부가 무상으로 제공한 집에서 생활하고 있다. 이 소수 민족은 인간문화재 취급받을 정도로 귀하여 인구 장려 정책을 펴고 있다. 이들은 문자가 없어 구전으로 익히는 언어를 사용한다. 여기서 만난 한 분은 이곳을 중심으로 살아가는 세 개의 소수 민족 언어를 모두 사용하고 있어 놀라웠다.

가옥의 주거 형태는 20평 정도로 주방이 같이 있는 거실과 화장실 그리고 한 칸의 방이 전부다. 주변의 집들이 모두 이와 같다. 85세의 할머니에게 산에서의 수렵 생활과 비교하여 어떠냐는 물음에 지금이 훨씬 좋다고 한다. 할머니는 수렵 생활 시절에 만든 순록의 뿔이 있는 모자를 써보라고 건넸다. 나는 모자를 쓰고 가족분들과 함께 기념사진을 남겼다.

나의 여행을 도와준 이들과 점심을 함께 하면서 아쉬운 이별 인사를 했다.

그들은 봄에 오면 소수 민족의 훌륭한 축제를 즐길 수 있다고 하면서 꼭 다시 오라고 한다. 언젠가 다시 와서 축제를 하는 것을 보고 싶다는 약속을 하고 따양쑤를 떠났다. 자거다치로 가는 열차에 올라 드넓은 설원의 평원을 보고 있으니 가슴이 탁 트이는 기분이 든다.

동북의 어룬춘족 공연

밤에 도착한 자거다치에서 하루를 쉬고 아침에 아리허의 어룬춘박물관으로 향했다. 박물관의 규모는 의외로 대단하다. 겨울이라 찾는 손님이 없었지만 내부는 당시의 수렵 생활뿐만 아니라 의식주에 대한 이색적인 삶의 면면을 잘 보여주고 있다. 언젠가 우리나라 TV에서도 방영한 소수 민족이지만 지금은 그들의 삶이 대부분 변화되어 있다.

아리허의 선사시대 유적이 있는 가셴둥 동굴을 둘러보고 다음으로 찾아간 곳이 다우얼족의 거주지다. 그들 대부분은 다우얼족박물관이 있는 모치(莫旗)라는 곳에서 살아가고 있다. 너허(讷河)라는 도시와 다리를 사이에 두고 있을 정도로 가까이 있다. 모치는 모리다와즈지치(莫里达瓦自治旗)라는 지역명을 줄여서 사용하고 있는 다우얼족자치주다. 버스터미널도 다우얼족 터미널이라고 쓰여 있어 누구나 소수 민족의 지역임을 금방 알 수 있다.

시내 중심에 있는 박물관을 들렀다. 하지만 겨울이라 박물관들이 모두 문을 닫고 있다. 이곳의 근무하는 분을 어렵게 만나 한국에서 왔는데 구경했으면 좋겠다고 청했다. 그가 여기저기 전화를 걸더니 한 분이 와서 문을 열어주었다. 친절하게도 그분은 나와 동행하면서 다우얼족의 생활상을 잘 소개해 주었다. 관람을 하면서 느낀 것은 중국 정부가 소수 민족을 위한 정책이 얼마나 세심한지를 알 수 있었다. 박물관의 규모도 최고급일 정도로 건축되어 있다. 이들도 살아가는 방식이 어룬춘족과 크게 다르지 않다. 당연한 이야기이지만 같은 자연에서 살아가는 방식이 그리 다를 수는 없을 것이다. 다우얼족은 인구가 10여만 정도라고 한다. 어룬춘족에 비하면 아주 인구가 많은 소수 민족이다. 다우얼족의 마을을 둘러본다고 다우얼족 민족원을 찾았지만 아무리 둘러보아도 겨울 동토의 땅에 그들은 숨죽인 듯 보이지 않았다.

터미널 맞은편 식당에서 식사하는데 식당 주인인 젊은 아가씨가 한국인이냐고 물어왔다. 그녀는 톈진 대학에서 영문과를 졸업하고 잠시 고향에 왔다고 한다. 치치하얼로 돌아가는 차 시간을 기다리는 동안 그녀와 이야기를 주고받았다. 여자들은 주로 한국 연예인들에 대한 궁금한 것들을 물어오곤 한다. 그럴 때마다 나보다 더 잘 알고 있어서 내 말문이 막히기도 한다. 차 시간에 맞추어 식당 문을 나서는 나에게 다우얼족의 전통주라고 하면서 두 병의 술을 선물했다. 감사의 인사를 표하고 모치를 떠났다.

마지막으로 찾은 어원커족이 사는 곳은 네이멍구 북부의 어얼구나(額尔古纳)와 건허(根河)라는 곳이다. 하지만 어원커 박물관은 네이멍구 최대도시인 하이라얼에 위치한다. 하이라얼의 난툰(南屯)에 위치한 어원커 박물관에 들렀다. 이 추운 겨울에도 몇몇 여행자들이 이곳을 찾았다. 어원커족의 생활상 역시 어룬춘족, 다우얼족과 크게 다르지 않았다. 인구는 3만 명 정도인데 이들은 유달리 순록과 함께 생활한 흔적이 돋보인다. 동북의 생소한 소수 민족을 찾아 여행하는 시간이 이렇게 흘러갔다.

여름에 왔을 때는 무심코 지나친 곳들에서 나름대로 의미를 찾아가는 시간이었다. 여름에 아오루구야(敖魯古雅) 숲속에서 순록과 함께 뒹굴던 추억을 못 잊어 건허로 향했다. 기차를 타고 가면서 백색의 설원 속에 지나간 추억의 시간을 그리고 있었다. 건허에서 본 순록과 함께 살아가는 사람들이 어원커족이라는 것도 이제야 새삼 알았다.

그런데 다음 해 중·러 국경지대를 흐르는 연해주의 우수리강(乌苏里江)을 여행할 때 허쩌족(혁철족, 赫哲族)이라는 소수 민족이 있다는 것을 우연이 알았다. 이 소수 민족은 랴오허(饶河)라는 도시를 중심으로 분포하여 살아가고 있다. 이제는 허쩌족 인구가 오천 정도인데 이곳에서는 100명 정도밖에 살고 있지 않다고 한다. 허쩌족 박물관이 개장하고 있는지 택시기사가 알아본 뒤에 길을 서둘렀다. 비가 부슬부슬 내리는 가운데 박물관을 가기 위해 30분 정도를 달렸다. 길옆으로는 강물이 불어 대지가 습지로 변해 버렸다. 도착하여 박물관을 보니 아담한 정원의 숲속에 자리 잡은 작은 건물 하나가 눈에 띄었다.

택시 기사의 말에 의하면 예전에 이들은 후린(虎林)이란 도시를 중심으로 길게 뻗어 있는 산림 속에서 수렵 생활하기도 하고, 우수리강을 따라 물고기를 잡아 생계를 이어갔다고 한다. 박물관 내부에는 수렵과 어로 생활에 사용된 기구들이 가지런히 놓여 있다. 물고기 껍질로 만든 옷과 신발을 진열한 것이 특이해서 더욱더 인상적이었다. 얼마 지나지 않아 이들의 민족은 사라질지도 모른다. 이 소수 민족을 만날 수 있느냐고 물었더니 자신도 만나보지 못했다고 한다. 어쩌면 여러 민족 중에서 몇몇은 소멸되어가는 건 아닐까 하는 안타까운 생각이 들었다. 윈난성 서북쪽에 있는 두롱강

(独龙江)을 갔을 때 만난 두룽족(独龙族)은 중국 서남쪽에서 산간 지역의 삶을 배워 가고 있고, 이곳 동북에 사는 이들은 원시 산림 속에서 그들의 생존을 터득해 수렵과 고기잡이 생활로 살아가고 있다. 인간이 어떠한 환경에서 어떻게 살아가느냐에 따라 만들어진 문화가 인간의 역사를 만든다는 사실이 새삼 느껴진다.

이곳에서 생활하는 소수 민족의 박물관을 모두 둘러보았다. 그들은 이런 박물관을 가지고 있어 그나마 삶의 자긍심을 위로받고 있는지도 모른다.

써다(色达) 오명불학원(五明佛学院)을 보고

쓰촨성 서부지역을 일부 사람들은 '동티베트'라고 부른다. 자연의 경관이나 소수 민족의 풍속, 종교 등 살아가는 삶이 티베트 짱족의 문화와 똑같다.

'샹그릴라'라고 불리는 야딩(亚丁)을 보고 리탕(理塘)으로 되돌아왔다. 아침에 또 잠시 비가 내린다. 이곳의 여름 날씨는 늘 밤부터 새벽까지는 한 번쯤 비를 뿌리곤 한다. 질퍽거리는 길을 따라 간쯔(甘孜)로 출발했다. 하지만 정오가 되면 구름이 벗겨지고 언제 그랬냐는 듯이 날이 청명하다. 하루를 소비하면서 간쯔에 도착했다.

간쯔사원을 둘러보면서 바라본 마을은 온통 '칭커(青稞)'라는 보리밭으로 둘러싸여 있다. 평화로운 마을이다. 다시 써다(色达)로 가는 차를 알아보았다. '빠오처'라는 미니 봉고차에 의존해야만 했다. 장거리 버스는 하루 한 대 정도이고 그나마 새벽에 있어 여행자가 이용하기 불편했다. 게다가 예매해두지 않으면 거의 당일 차표를 산다는 것이 불확실하다. 이번에는 무면허 운전사에게 겪은

쓰촨성 써다 오명불학원

고통을 다시는 당하지 않기 위해 봉고차 기사를 섭외하여 면허증부터 확인까지 했다.

리탕에서 간쯔로 올 때 이런 일이 있었다. 젊은 청년의 차를 대절하여 간쯔를 올 때 경찰 검문이 있었다. 검문소를 앞에 두고 망설이는 운전사에게 이유를 물으니 운전 면허증이 없다는 것이다. 한동안 궁리 끝에 경찰을 찾아갔다. 열 명 정도의 경찰이 통행하는 차들을 세우고 검문하고 있었다. 나는 말했다. 쓰촨성 청두(成都)에서 이곳을 오는 데 폭우로 도로가 안 좋아 무척 힘들었다고 했다. 다시 온 길로 돌아가기에는 너무 힘들고 허리까지 아프다고 하면서, 간쯔에 가서 바로 청두로 돌아갈 계획이라고까지 설명했다. 젊은 경찰이 쾌히 승낙해주어 힘들이지 않고 통과했던 일이 엊그제 있었다. 이제 간쯔에서 써다를 거쳐 오명불학원을 가려고 준비했다.

이번에도 간쯔를 벗어나기도 전에 경찰의 검문이 있었다. 운전기사가 경찰에게 둘러싸여 여러 가지 물음에 답하고 있었다. 한 경찰이 나에게 다가와 가는 곳과 차비를 물어왔다. 나는 대강 예감하고 아주 저렴한 가격에 섭외했다고 말해 주었다. 잠시 후 운전기사가 차에 올라 길을 떠나면서 이야기를 나누었다. 경찰에게 차비를 싸게 말했다고 했더니 아주 고맙다는 말을 잊지 않았다. 만약에 차비를 많이 주고 간다고 하면 짱족의 운전기사에게 어느 정도의 돈을 뜯어 갈 것이라는 생각이 스쳤기 때문이다.

리탕에서 간쯔까지 함께 한 운전기사는 아주 까불까불했는데, 이 청년은 목소리가 침착하고 차분했으며 아주 성실한 이미지가 풍겼다. 써다를 가는 내내 이것저것 궁금한 것도 잘 설명해주었다. 들녘에 심은 것도 '칭커'라고 말해 주었지만 처음에는 알아듣지 못했다. 고국에 돌아와서 찾아본 단어의 의미는 '쌀보리'다. '따마이(大麥)'라고 하지 않고 '칭커'라고 하는 것이 지금도 궁금하다.

얼마쯤 가니 안개비가 내리기 시작했다. 롱다가 여기저기 널린 신산(神山)이라 불리는 험준한 산을 만났다. 질척해진 길을 따라 안개 자욱한 산허리를 돌면서 올랐다. 이곳은 큰 마을을 갈 적마다 두어 개의 산을 넘나들기는 다반사다. 게다가 길에 떨어진 위험한 바윗돌을 보는 것도 이제는 익숙해졌다. 또 폭우에 휩쓸려간 파손된 도로의 두려움도 사라진 지 오래다. 산 정상에서 앞이 보이지 않는다. 어제 잠을 설쳤는지 운전기사도 졸음을 이기지 못하는 것 같다.

비가 내리는 산 정상에서 차를 세웠다. 구이저우성 즈진둥이라는 동굴을 보기 위해 가다가 겨울밤에 산에서 차가 멈춰 선 기억이 되살아났다. 그때도 안개가 자욱했다. 여행하다 보면 때로는 위험한 순간들을 접하곤 한다. 살다 보면 인생도 이와 똑같은 상황이 없지않듯이 목전에 보이는 것에만 두려워할 필요는 없다는

쓰촨성 써다 오명불학원

생각을 해 본다. 잠시 휴식을 취한 후 다시 길을 서둘렀다.

써다에 도착하니 어둠이 내리고 있다.

다음 날 아침에 시장에 나가 과일을 준비했다. 운전기사는 과일이 루딩(瀘定)에서 많이 산출되며 그곳에서 각 지방으로 공급된다고 한다. 글쎄다. 눈으로 보기에 루딩현에 그렇게 과수원이 많은 것 같지는 않아 보였는데…….

시장을 나와 언덕의 화려한 '동방사(东方寺)'라는 사원을 둘러보았다. 사원 내의 화려한 샹들리에는 아침서부터 빛을 발하고, 스님들은 구도(求道)의 숨소리를 그치질 않고 있다. 그칠 줄 모르는 기도는 다음 생애에 행복을 보장받지 못한다고 할지라도, 최소한 절대자의 버림은 피할 수 있다고 믿는다. 운전기사는 오명불학원에 자기의 누나가 있다고 한다.

이제 티베트 지역에서 스님들의 최대 학습장이 있는 오명불학원으로 향했다. 리탕서부터 사흘이 걸려 힘들게 온 오명불학원이다.

20여㎞를 가서 당도한 오명불학원을 보고 말문이 막혀 버렸다. 감탄의 괴성만을 토해내고 말았다. 인간이 만들었다고 보기에는 도저히 믿기지 않을 정도의 질서정연한 가옥들이 지피식물처럼 사방의 모든 산을 뒤덮고 있다. 스님들은 부처님의 진리는 아랑곳없이 생활 그 자체에 마냥 즐거워한다. 티베트 불교인 라마교의 전형적인 오체투지의 기도는 어디서나 행해진다. 사방에 지어진 불당, 스님들의 학습장이 있는 이곳에서 여승으로 있다는 운전기사의 누나와 사촌 누나를 만났다.

이야기를 나누면서 쑥스러워하는 그녀들은 분명 불자 이전에 여자로 보인다. 자신의 사비를 들여 자기 집을 짓고, 평생을 이곳에서 생활한다. 죽으면 그 몸은 조장(鳥葬: 사람이 죽으면 새가 쪼아 먹도록 하는 티베트 풍습)으로 하늘에 바치고, 영혼은 부처님께 귀의한다. 한 가정에 적어도 한 명은 스님의 길을 걸어야 한다. 자식들이 모두 원하지 않으면 어떻게 하느냐고 물었다. 그런 일은 일어나지도 않고 서로 스님이 되려고 하는 생각이 더 지배적이라고 한다. 한나절을 둘러보면서도 지루함을 몰랐다. 아니 모른다기보다 잊었다는 표현이 더 맞는 것 같다. 동생이 누나에게 준 50위안의 용돈을 다시 되돌려주려고 서로 사양하는 모습을 보았다. 누나의 마음은 그저 부처와 다르지 않았다. 아니 넉넉하지 않은 생활 속에서도 서로를 생각해주는 모두가 부처다. 내가 본 운전기사의 첫인상은 그대로 들어맞았다. 여행하는 동안 나는 야딩이라는 이상향의 땅을 둘러보면서 풍광의 아름다움에만 젖어 있었다. 하지만 정녕 이상향의 땅은 어디에 있는 것이 아니다. 인간의 아름다운 마음이 자리하는 바로 그곳이 이상향의 땅이라는 생각이 들었다.

마음이 자유로운 사람들은 어디에 있어도 샹그릴라의 땅에서 사는 것이다. 오명불학원을 떠나면서 인정이 물씬 풍기는 정거운 사람과도 아쉬운 이별을 했다. 마음속 이상향의 땅을 함께 떠나고 있다는 생각이 들었다. 쉽지 않은 욕심의 굴레를 벗어던지고 한없이 넓은 정신세계로의 비상을 꿈꾸어 본다.

고루(鼓樓)와 토루(土樓)

1) 구이저우성 고루

구이저우성은 '사흘 맑은 날 없고, 삼 리 평지 없으며, 서 푼 가진 자 없다.'라는 말이 있다. 즉 늘 안개와 비로 젖어 있으며, 주변이 산으로 둘러싸여 있는 가난한 사람들이 살아가는 지역이라는 의미가 있는 곳이다. 이를 달리 말하면 늘 물이 풍부하여 계곡이 넘쳐나며, 산천의 자연경관이 빼어나고, 욕심이 없는 순수한 사람들이 살아가는 곳이라는 의미이기도 하다. 그래서 구이저우성의 성도는 태양이 귀하다는 뜻의 '구이양(貴阳)'이라는 지명을 얻었다.

구이저우성 동남쪽에는 둥족(侗族)이라는 소수 민족이 살아가고 있다. 이곳은 도심의 야박한 인심 속에서 힘들게 살아온 여행자들에게는 더없는 마음 편안한 여행지라고 해도 과언이 아니다. 그런데 구이저우성 동남쪽의 충장(从江)과 롱장(榕江) 일대를 여행하다 보면 특이한 건축물을 만난다. 마을을 지날 때마다 늘 접하는 고루라는 건축물이다. 이 건축물은 중국 어디에서도 볼 수 없

둥족의 고루

는 둥족만이 가지고 있는 자랑거리다. 이 고루는 주거 형태는 아니지만 마을 중심에 아름답게 건축되어 있어 마을의 상징물처럼 보이기도 한다.

고루의 형태는 여러 종류로 나타나는데 기와를 이은 여러 겹의 층을 이룬 목조 건물이다. 어느 마을에서 이 고루를 짓기 위해 많은 사람이 나무를 어깨에 메고 가는 것을 보았다. 그리고 사람들이 톱으로 자르고, 대패로 밀고 하느라 마을 어귀에 뚝딱거리는 소리가 끊이질 않았다. 어찌 보면 모두가 수작업으로 이루어지고 있다고 할 수 있다. 마을을 흐르는 냇가에서는 아낙네들이 빨랫방망이를 두드리면서 수다를 떠는 소리나, 여자아이들의 고무줄놀이 등은 나의 어린 시절의 추억으로 돌아가기에 충분했다. 논둑길을 지나는데 논 한가운데 나무로 둘러쳐진 자그마한 공간이 보였다. 한 여인이 그곳에 앉아 있는 모습을 보고 야외 화장실이라는 것을 알았다.

고루는 마을의 어떤 문제가 있을 때는 촌장을 중심으로 마을 어른들이 이곳에 모여 의견을 나누기도 한다. 즉 고루는 마을의 상징이기도 하고 공회당 역할도 한다. 그리고 이들은 축제나 경사 등 행사가 있을 때면 늘 이 건축물을 중심으로 화려한 춤과 아름다운 노랫가락을 펼친다.

룽장에서 가까운 곳에 산바오(三宝)라는 작은 마을이 있다. 우연이 이곳을 지나다가 마을 축제를 구경하게 되었다. 남자들은 아침부터 돼지를 잡느라고 분주하게 집안을 오가고 있고, 아낙네들은 마을 공터에 솥을 걸어놓고 음식을 만드느라 바쁘게 움직이고 있었다. 이렇게 축제나 행사가 있을 때면 마을 전체가 떠들썩하다. 한 노인이 나무 그늘에 앉아 있는 모습이 힘겨워 보였다. 잠시 노인 곁에 가서 이야기를 나누었는데 내가 한국 사람이라는 말을 듣고는 자신이 한국 전쟁에 중공군으로 참가하여 평양에 갔었다고 한다. 그러면서 그 당시에 외어 둔 한국어 단어로 '담배'라는 말을 잊지 않고 있었다. 축제가 열리고 있을 때는 어린 학생들도 하교하여 마을 거리는 더욱 북적거렸다. 고루를 중심으로 주민들은 행사 의식에 따라 춤을 추었는데, 원을 그리며 돌고 있는 예쁜 처녀들의 노랫가락은 1월의 스산한 날씨를 잊게 해 주었다. 아낙네들이 솥에서 끓이는 음식에서 김이 올라 행사장에 구수한 냄새가 가득했다. 이들의 축제를 함께 즐기다 보면 언제든 맛있는 돼지고기와 집에서 만든 '미주(米酒)'라는 쌀술도 맛볼 수 있다. 이렇게 구이저우성의 여행은 어디를 가도 따뜻한 사람들의 인심이 늘 푸근하게 다가온다.

구이저우성은 아니지만 광시쫭족자치구 동북에는 구이저우성과 경계를 같이하고 있는 싼장(三江)이란 현이 있다. 이곳에는 유명한 펑위치아오(풍우교, 風雨橋)라는 건축물이 있어 여행자들이 많이 찾는다. 이 펑위치아오는 약 500년의 역사가 있다고 한다.

싼장에서 1시간 정도를 개천 같은 강을 끼고 헤매다 당도한 펑위치아오는 그 아름다움을 뭐라고 표현하기가 어려울 정도다.

중국에서 이보다 더 아름답고 값진 다리가 있을까? 하는 생각이 스쳐 갔다.

이곳을 오면서 본 몇 개의 물레방아도 아름다웠지만, 펑위치아오는 나무로 만든 가장 화려한 둥족 예술의 총체임이 틀림 없다. 다리를 지탱하는 기둥은 돌로 되어 있는데 럭비공 형태의 모양을 하고 있다. 물 흐름의 저항을 최대로 줄이기 위하여 이런 형태로 세운 것이다. 과학적 사고를 참으로 충분하게 발휘한 것으로 보였다. 나는 귀국 후 이 사진을 집에 걸어두고 가끔 들여다보곤 한다.

이 다리는 다리의 역할 외에도 마을 사람들의 휴식처로도 이용되도록 만들어져 있다. 다리 난간으로는 긴 의자 형태로 되어 있어 주민들이 앉아서 서로 이야기를 나눌 수 있도록 해 놓았다. 비가 와도 걱정하지 않아도 되고 일하다가 더위를 식히는 그늘이 되어 주기도 한다.

둥족의 전통의상을 입은 아가씨와 총각들이 다리 위에 서 있다. 마침 무슨 촬영이 있다고 하면서 촬영 시간을 기다리는 중이다. 현지인들은 다리 위에서 토산품을 진열해 놓고 손님을 기다리고 있다. 그들은 이 다리의 보존적 가치를 알지 못하는지 소들을 데리고 이곳을 하루의 일과인 양 자연스레 지나가기도 한다.

둥족의 예쁜 아가씨와 함께 사진을 찍었는데 옆 장사치들이 2위안을 주라고 한다. 나는 아가씨가 나에게 대해준 태도에 고마워 5위안을 주었다.

구이저우성 싼장 펑위치아오

아쉬운 펑위치아오를 두고 발길을 돌려 빠장(八江)을 향하여 한 시간 정도 달렸다. 빠장에는 고루의 최고 건축 기술을 보여준 마팡고루(馬胖鼓樓)가 있다.

1월의 겨울이지만 촌마을의 비포장도로에 살수차가 오가고 있다. 도로에 날리는 먼지를 막으려고 다니고 있다는 사실에 잠시 놀라기도 했다. 길에는 빗자루를 들고 하교하는 학생들로 보아 오늘이 아마 방학을 하는 날인가 보다. 우리네도 어린 시절 방학 들어가기 전에 대청소하려고 걸레도 준비해서 다녔던 적이 있다.

빠장을 가는 도중에 조그마한 마을에 장이 섰다. 잠시 차를 멈추어 장마당을 걸으며 장날의 모습을 보았다. 한쪽에 잡은 쥐를 광주리에 담고 다른 한쪽에는 쥐약을 담고 어깨에 메고 다니는 사람, 자루에서 돼지가 코만 내밀고 비명을 지르며 길바닥을 헤집고 있는 모습, 둥족의 검은 전통의상을 입은 아낙네들의 물건값을 흥정하는 모습, 사탕 하나 입에 물고 엄마 손에 이끌려 다니는 꼬마 아이의 천진한 모습 등등이 정겹다. 차에 오르면서 나는 우리나라의 40년 전 과거를 회상하고 있었다.

어머니가 장을 가시다가 나를 보시고 양산으로 자신을 가리셨다. 초등학생인 내가 하굣길에 어머니를 따라갈까 걱정하신 것이다. 하지만 나는 어머니의 발걸음을 알아보고 양산으로 들어가면서 '엄마' 하고 불렀던 바로 40년 전의 추억으로 돌아갔던 것이다.

마팡고루에 당도한 나는 역시 입을 다물지 못하였다. 9층으로 된 정사면체의 튼튼한 건축기법은 마팡고루의 늠름하고 안정된 모습을 오랫동안 살아 숨 쉬게 하고 있다.

마팡고루로 들어가는 입구의 양쪽에 이런 글귀가 있다. '가난한 자가 책을 읽지 않으면 가난을 벗어날 수 없고, 부유한 자가 책을 읽지 않으면 부유함을 유지할 수 없다.'

마팡고루 바로 옆에서 동네 청년들이 농구를 즐기고 있었다. 이 때문에 이 고루의 벽이 많이 훼손되어 보였다. 이들은 아마 이 값진 고루의 가치를 셈하지 못하고 있는 것 같았다. 게다가 돼지들도 먹이를 찾아 고루 안팎을 자유롭게 헤집으며 다니고 있다. 아이들은 찾아온 여행자가 신기한 듯이 내 곁을 떠나지 않고 따라다닌다.

예전부터 둥족의 시커먼 이층집을 구경하고 싶었다. 둥족의 마을들을 보면 모두가 목조 건물로 흑갈색을 띠고 있다. 마침 마팡고루의 주변에 사람들이 있어 그들의 집들을 구경할 수 있는 기회가 왔다.

운전기사에게 부탁하여 안내받은 집으로 들어갔다. 1층은 가축 가금류 등을 기르는 축사이거나 무엇을 만들기 위한 작업실로 이용되고 있다. 2층으로 오르자마자 내부가 무척 어두워 보였다. 하지만 넓은 공간에 할머니와 아이를 안은 며느리가 따뜻한 화롯불 옆에 앉아 추위를 녹이고 있다. 이곳이 저녁이면 가족이 둘러앉아

빠장의 마팡고루

이야기를 나눌 수 있는 거실이다. 집은 낮에도 햇볕이 잘 안 드는 것 같아 생활하기가 매우 불편할 것 같았다.

방은 작은 창문을 두고 넓은 침대가 놓여 있다. 침대를 둘러싸고 있는 천이 무척 화려하게 보인다. 외부에서 느끼는 것과는 달리 안은 무척 청결해 보였다. 그런대로 주변을 둘러보았다고 생각하고 내려오니 노인 두 분이 대패질하면서 류저우(柳州)의 유명한 상품인 관을 짜고 계셨다. 류저우라는 곳은 사람이 죽어 장사를 지낼 때 쓰는 관 나무의 재질이 가장 좋은 지방으로 유명하다고 한다. 그래서 옛말에 '사람은 쑤저우(苏州)에서 태어나 항저우(杭州)에서 살고 광저우(广州) 음식 먹다가 류저우(柳州)에서 죽는 것이 제일 행복하다.'고 한다. 우물가에는 아주머니가 빨래하고 있었는데 그 우물물은 직접 먹을 수 있다고 한다. 나무로 만든 손두레박으로 직접 우물물을 퍼마셨는데 물은 겨울인데도 따뜻했다.

마을 골목길을 돼지, 개, 닭, 오리들이 안내하고 있다. 허름해 보이는 가옥들의 군락에서도 병원이 있고 휴게실, 어린이 놀이터

등 모든 것이 갖추어져 있는 듯이 보인다. 길옆에는 공중화장실도 갖춰져 있어 생활에 최대한 불편함이 없도록 했다. 게다가 어느 집의 1층에서는 다이아몬드 등 보석을 가공하는 공장도 있다. 들어가 보니 마을의 아가씨들이 모두 이곳에 모여 있는 듯이 보석을 가공하는 데 여념이 없다.

마을을 떠나면서 개울 건너 경사진 곳에 세워진 마팡고루의 모습이 마을을 벗어날 때까지 눈에서 사라지지 않았다. 오후 늦게야 나는 마팡고루를 떠났다.

2) 푸젠성 토루

푸젠성 서남부 지역을 가면 토루라는 건축물을 볼 수 있다. 토루란 글자 그대로 말하자면 흙으로 만든 누각이다. 하지만 '흙으로 지은 집단 주거 형태의 건축물'이라고 하면 더 알기 쉬울 것 같다. 이 토루의 건축 양식이 특이하여 건축가나 여행가들에게 많은 호기심을 갖게 한다.

나 역시 해안 도시 샤먼(廈门)을 둘러보고 북쪽에 있는 작은 마을인 후컹(湖坑)을 찾아갔다. 이 지역을 중심으로 수많은 토루가 산재해 있다. 토루라는 건축물의 구조 형태를 분석한다는 것은 여행자의 몫이 아닌 것 같다. 유달리 왜 이 지역에만 이런 토루가 형성되었으며, 무슨 용도로 이렇게 건축되었는지가 궁금하다.

구경하려는데 마침 중국의 어느 회사직원들이 휴가로 이곳을 여행하고 있었다. 다행히 토루의 경내를 돌아다니는 버스를 같이 타게 되었다. 다니면서 무료한 시간을 달래기 위해 노래를 부르면서 가자고 제안했다. 나는 먼저 '아리랑' 노래를 불러주면서 우리나라 전통 민요라고 소개해 주었다.

노래? 막상 하려면 쑥스러운 것은 어디든 마찬가지다. 스무 명 정도의 중국인 누구도 선뜻 나서지 않았다. 다시 중국노래인 '첨밀밀'이란 노래를 그들에게 선물했다. 웃으면서 즐긴 버스 안에서의 생활이다.

산허리를 지날 때마다 크고 작은 토루의 주변을 스쳐갔다. 차가 멈추어지는 곳에 있는 큰 원형의 토루를 찾아 들어갔다. 토루는 대부분 원형과 사각형 두 종류의 구조를 보인다. 4층의 커다란 원형 토루는 TV에서나 보았던 스페인의 투우경기장을 연상케 했다. 원형 토루 안의 공간은 마당 공터의 지름이 약 50m 정도 크기로 보였다. 안내원의 말에 의하면 토루에 사는 사람들은 한족(汉族)에서 갈라진 커쟈족(객가족, 客家族)이란 소수 민족 아닌 소수 민족이라고 한다.

이들은 한 때 중앙 정치 무대에 있다가 밀려나 살아남기 위해 이곳으로 이주했다고 한다. 그렇다면 이 토루는 자신들을 보호하려는 목적으로 지어진 것이 틀림이 없어 보인다. 토루의 마당 가운데는 우물이나 물을 담아둘 수 있는 움푹 팬 공간이 존재한다.

회사직원들과 헤어지고 3층 토루인 경유루(庆裕樓)를 찾아가 구경했다. 여기서 하루를 묵고 싶다고 했더니 토루에 있는 분이 쉬어가도 좋다고 한다. 조용한 가운데 주인아저씨와 이런저런 이야기를 나누었다. 1층은 주로 부엌과 가축이 먹을 사료가 있는 곳이고, 2층은 창고로 사용되며, 3~4층이 주거할 수 있는 공간이라고 한다.

예전에는 하나의 토루 안에 약 40가구 600명의 대가족이 형성되어 살았다고 한다. 지금은 젊은이들이 모두 도시로 떠나 거의 빈터로 남아있다고 한다. 하지만 이 토루가 세계문화유산으로 지정되면서 여행자들을 위한 숙소로 곳곳에서 지어지고 있다. 두 분만 여기서 지내느냐는 물음에 저녁에 며느리와 아기가 온다고 한다. 두 분과 함께 저녁을 먹고 있는데 며느리가 들어왔다. 나를 보더니 반갑게 인사를 하여 놀랐다. 알고 보니 후킹에 들어올 때 매표소에서 나에게 표를 판 여자분이다. 오늘 밤, 이 넓은 공간에 다섯 명이 잔다고 생각하니 왠지 기분이 음산해진다.

저녁을 먹고 잠을 자려고 3층의 방으로 들어가니 화장실이 없다. 번거로워도 1층에서 용변을 봐야 한다. 혹시 밤에 어두워 내려오기 어려우니 요강이라도 달라고 부탁했다. 창고에서 겨우 찾아낸 큰 빈 병이 나의 소변 용기가 되었다. 사방 30㎝ 정도의 두꺼운 흙벽 창문이 방에서 밖을 볼 수 있는 유일한 세계와의 통로다. 어두운 밤의 적막감이 방안에 가득히 밀려왔다.

새벽을 알리는 닭의 울음소리는 언제나 정겹게 들려온다. 잠자리에서 일어나자마자 아침 산책을 나섰다. 숙소인 경유루 앞에 시냇물 소리가 닭 울음소리와 함께 노래처럼 들려왔다. 개울 건너 밭에서 아주머니는 일하고, 대문에서 어린 꼬마가 책을 읽고 있고, 경유루 바로 옆에 있는 학교로 아이들이 등교하고, 한 아저씨가 오토바이에 방금 만든 빵을 가지고 와 아이들에게 팔고 있는 생활들이 이곳 아침의 풍경이다. 학교에 들어가 선생님과 아이들의 학교생활도 잠시 들여다보았다.

숙소로 돌아오니 아주머니가 토루 한가운데 불을 피우고 조그마한 상에 음식을 차려 놓았다. 아마 어떤 제사 의식을 준비하고 있는 것 같다. 상에 향을 피우더니 폭죽을 터트렸다. 이내 아주머니는 선 채로 손을 합장한 후 흔들면서 절을 하고는 간단히 의식을 마쳤다. 아저씨는 의자에 앉아 '이렇게 하라 저렇게 하라' 말만 하는 것이 우습기만 했다. 천제에게 제를 올리는 것이라고 했다.

푸젠성 토루

오늘이 정월 보름인가. 아직 이틀이나 남았는데…….

식사와 제를 올린 과일을 함께 하면서 헤어짐의 시간을 준비하고 있었다. 융딩(永定)으로 간다는 것을 알고, 고맙게도 융딩 가는 차가 있는 곳까지 갈 오토바이 기사를 말해 두었다. 여행이 나에게 준 또 하나의 만남과 헤어짐이다. 부부가 문까지 나와 다음에 꼭 또 오라고 하면서 작별의 손을 흔들어 주었다.

구이저우성의 고루와 푸젠성의 토루는 중국 내에서도 또 다른 사람들이 살아가는 특이한 문명의 공간으로 보였다. 다양한 삶의 양식을 느끼는 순간은 언제나 '세상은 넓다'라는 기분을 감출 수가 없다. 또 다른 세계를 찾아 떠나는 여행은 언제나 이렇게 마음이 설렌다.

놀라운 축조물들

1) 중경충칭 스바오자이(석보채, 石宝寨)

장강(양쯔강)이 흐르는 충칭(重庆)에서 배를 타고 싼샤(三峡)를 향하여 하류로 내려가다 보면 중현(忠县)이란 곳을 지난다. 이 중현에서 멀지 않은 곳에 장강을 바라보고 있는 스바오자이가 있다.

기이한 전설과 오랜 역사를 담고 있는 스바오자이다. 나는 건너편 시퉈(西沱)에서 배를 타고 장강을 건넜다. 시퉈의 운제가(云梯街)를 보려고 갔지만 한산하기 그지없다. 배낭을 지고 더위에 지친 몸으로 배를 타러 부두로 내려가는 길도 힘이 들었다. 배를 타고 장강을 가로지르

충칭 스바오자이

며 다니는 주민들도 더위에 지쳤는지 오늘은 보이지 않았다.

특별히 충칭 부근의 여름 날씨는 중국에서 덥기로 유명하다. 더운데 습기까지 더해져 여행을 지치게 할 정도다. 여름이면 이곳에서 일하는 사람들은 상의를 거의 벗고 다닌다. 모두가 그러하니 이상할 것도 신기하게 보일 것도 없다. 뱃전에서 연신 부채질도 해 보지만 잠깐씩 불어오는 장강의 바람도 온몸에 흐르는 땀을 식혀주기에는 턱없이 부족하다. 겨울 날씨조차 비도 자주 내리는 습윤한 기후를 보이는 지역이다.

스바오자이로 향하는 커다란 배에는 주인 가족과 나뿐이다. 나역시 상의를 벗고 대야의 물을 몸에 축이며 더위와 전쟁하고 있었다. 장강은 중국 역사의 수많은 애환을 담고 고요히 흘러가고 있다. 유명한 옛 시인들이 장강을 노래했고, 백성들의 고된 삶이 있었고 위, 촉, 오 삼국의 치열했던 역사가 있었다.

스바오의 부두에 도착했다. 부둣가에서부터 시끌벅적한 소리가 저편에서 들려온다. 중국 관광 단체가 양산과 깃대를 들고 줄줄이 어디론가 걸어가고 있다. 그들의 행렬을 따라 걸었다. 이들도 더위를 식히려고 아이 어른 할 것 없이 한 손에는 아이스크림을 들고 다닌다.

도착한 곳에는 길 한가운데 세워진 커다란 문에 石宝寨(스바오자이)라는 글씨가 쓰여 있다. 현수교를 건너 스바오자이로 향했다. 스바오자이는 청나라 때 건설되었는데 스바오자이가 있는 산은 싼샤댐이 완성되면서 10m 정도의 강물이 높아져서 스바오자이가 있는 정상 부분만 제외하고 물에 잠겨버렸다. 유명한 명소에는 어김없이 외국인 관광객도 눈에 자주 들어왔다. 한동안 멈춰서 장강을 바라보고 또 스바오자이를 보았다. 왜 이런 곳에 놀라운 건축물을 지어 사람의 발길을 멈추게 하는지…….

땀이 물 흐르듯 하는 오후의 한여름에도 수많은 사람이 오고 갔다. 96년 여름 충칭에서 우한까지 나흘간의 장강 유람을 한 적이 있다. 그 당시 TV에서 싼샤댐이 완공되면 장강 주변에 있는 많은 유적지가 수몰된다고 했다. 조급한 마음에 어떤 계획과 준비된 자료도 없이 여행하느라 이 스바오자이를 비켜 가고 말았다.

스바오자이는 위인산(玉印山)이라는 곳에 자리 잡고 있다. 옥쇄 같이 생긴 이 산봉우리는 여와가 하늘을 집다가 남긴 돌이라는 전설이 있다. 지금은 장강에 휩싸여 섬으로 되어 있다. 어디에서 보아도 스바오자이는 아름다움을 잃지 않고 있다. 중국에서 규모가 가장 큰 목조 건물로 못을 사용하지 않았다. 영구 보존을 위해서 못 대신 나무로 만든 쐐기를 사용했다.

티베트의 포탈라궁이 그렇다고 하고 우리나라의 옛 목조 건축물도 못을 사용하지 않았다. 그래서인지 스바오자이를 세계의 기이한 8대 건축물이라고 하는데, 농민 봉기의 근거지로도 이용되었다는 이야기도 전해진다. 내부는 공간이 올라갈수록 좁아지는데 걸을 적마다 나무 바닥이 부실해 보여 마음이 불안했다. 많은 여행자가 다녀가는 관계로 나무계단도 많이 훼손되어 있고 관리가 안 되는지 스바오자이 내부는 어둡기 그지없다. 스바오자이의 원형 창문 틈으로 장강을 내려다보았다. 시원하게 물살을 가르고 지나가는 유람선이 창문으로 들어오는 바람과 함께 잠시 더위를 잊게 했다.

2) 하북성허베이성 자오저우차오(조주교, 赵趙州橋)

늦은 오후가 되어서야 촉나라 용장인 장비의 묘가 있는 윈양(云 阳)으로 발길을 옮겼다.

이 세계에는 불가사의한 일도 많이 일어나지만 불가사의한 건 축물들도 참으로 많이 있다. 건물의 규모와 웅장함에 놀라기도 하 지만 작은 건축물이라도 절묘하고 기묘한 기법을 사용하여 오래 전에 지어진 건축물이 오늘날까지 그대로 현존하는 것들을 보면 놀라지 않을 수가 없다. 우선 내가 실제로 경험한 우리나라의 것 을 예로 들어 보겠다. 나는 충북 보은 속리산에서 유년 시절을 보 냈다. 가끔 보은 속리산 법주사에 들르면 오 층 건축물인 국보 55 호 팔상전이 법주사 경내 중앙에 멋스러운 자태로 자리하고 있다. 어느 해 이 팔상전 내부에 화재 사고가 있었다. 간신히 화재를 진 압하고 한동안 내부 복구 작업을 한 후 다시 개방되었다. 그러나 다시 팔상전의 내부를 들여다보았을 때는 예전의 모습과는 전혀 달라져 있었다. 전에는 기도하러 들어가면 공간이 무척 넓어 보였 지만 지금은 커다란 서까래 같은 목재가 바로 머리 위를 지나가고 있다. 한마디로 옛날 선조들의 건축기법을 따라가지 못하고 있다 는 기분을 지울 수가 없다.

이번에는 들은 이야기지만 어느 산사(山寺)의 아담한 아치형의 석조다리가 있었다. 어떤 연유로 다시 건축하게 되어 돌을 옮겼다 가 그대로 짜 맞추려고 하였다고 한다. 그런데 예전 그대로 한 결 과 석물 하나가 남았다고 한다. 아무리 살펴보아도 외관상 다르지 않은데 하나의 석물이 남았다는 것은 어딘가 부실한 형태로 되어 있을 거라는 생각을 하게 된다. 이처럼 시대에 따라 기이하게 느 껴지는 건축기법들이 있다. 바로 중국 허베이성에 있는 자오저우

허베이성 자오저우차오

차오(조주교, 趙州橋)라는 다리가 그렇다.

자오저우차오는 허베이성 성도인 스자좡(石家庄)시 동남쪽 자오현(赵县)에 있다. 천하제일의 다리(天下第一橋)라고 불리는 자오저우차오는 수나라의 탁월한 건축가 이춘(李春)이라는 사람에 의해 건축되었다. 약 1,500년의 유구한 역사를 가진 이 다리는 전부 돌로 되어 있어 '대석교(大石橋)'라고도 한다. 이 아치형 다리의 아래를 빈 공간으로 두어 홍수 피해로부터 물의 흐름을 원활하게 하는 역할도 하게 만들었다. 게다가 십여 차례의 지진 피해를 입었지만 이 자오저우차오는 조금도 손상됨이 없이 현재까지 보전되고 있다. 이렇게 튼튼하게 건설된 자오저우차오에는 '로반'이라는 신화의 인물 이야기가 흐르고, 시인 묵객들의 아름다운 글귀들이 물처럼 흘러갔다.

또 중국 쓰촨성에 가면 청두(成都) 북서쪽에 수리시설로 유명한 두장옌(도강언, 都江堰)이라는 도시가 있다. 이 도시에는 세계문화유산으로 등재되어 지금도 그 기능을 하는 수리시설이 있다. 이 수리시설은 세계에서 가장 오래된 것으로 민강(岷江)의 물줄기를 둘로 나누어 물의 유량을 분산시키는 역할을 하여 홍수를 조절했다고 한다. 사실 나는 이러한 이야기를 듣고도 이해하지 못했다. 다만 2천여 년 전 치수의 신(神)이라고 불리는 이빙(李氷)과 아들 이랑(李郎) 부자의 지혜가 참으로 놀랍다는 것에 집중할 뿐이었다. 천문지리에 능통했다는 이들의 노력으로 하류에 있는 청두에 이르기까지 풍년을 약속하여 쓰촨성은 '천부(天府)의 땅'이라는 별칭도 얻었다.

3) 링취(灵渠) 운하

다음으로 광시좡족자치구를 여행하다 구이린(桂林) 북쪽에 있는 링취(灵渠)라는 곳을 지나게 되었다. 일반 여행자들이 미리 알고 찾아갈 만한 그런 여행지는 아니다. 나 역시 우연이 들른 링취에서 세계에서 가장 오래된 운하라는 곳을 보게 되었다. 이 운하는 후난성 남부를 흐르는 샹강(湘江)과 광시좡족자치구의 구이린으로 통하는 구이강(桂江)을 연결하는 역할을 한다. 링취의 운하는 배를 띄워서 수로의 교통을 원활하게 할 수 있는 방법을 고안해 축조한 일종의 댐이다. 자그마한 돌을 세로로 꼭꼭 채워서 그 넓은 지역에 높이를 측량해 건설한 야트막한 둑의 모양을 하고 있다. 이곳 역시 수량의 조절로 홍수를 예방하고 농사를 짓는 물을 조절하는 역할도 함께 하고 있다. 이곳에 가면 사현사(四賢祠)라고 하는 사당이 있다. 네 명의 현사가 이곳 운하를 만드는 데 크게 이바지한 공을 기려 지은 사당이다. 그 옛날 물의 흐름의 양을 오랫동안 살

퍼보면서 축조한 건축법이야말로 세계의 자랑거리라 할 만하다.

이곳 역시 두장옌의 수리시설에 못지않게 역사적 가치로도 손색이 없다. 이 운하는 쓰촨성 두장옌과 함께 중국 고대의 수리 공정으로 이름을 남기고 있다.

이처럼 우리는 옛 선현들의 지혜가 얼마나 놀라운지 가늠할 수가 없다. 자연의 이치를 거스르지 않으며 순리에 맞게 살아가는 것이 영원히 함께 오래 지탱할 수 있다는 것을 배우고 깨닫는 여행이었다.

톈컹(천갱, 天坑)과 디펑(지봉, 地縫)을 보고

텐컹디펑은 후베이성과 충칭(重庆) 행정구의 경계에 있다. 행정상으로는 충칭 펑제(奉節)현에 속한다. 나는 후베이성 장강을 굽어보는 파동(巴东)에서 언스(恩施)를 가는 도중에 내려 싱룽(兴隆) 가는 차로 갈아탔다. 이 싱룽이란 곳은 새로운 명칭이지 현지 터미널에서는 삼각패(三角壩)라는 이름으로 불리고 또 버스에 그렇게 쓰여 있다. 이 삼각패에서 다시 차로 20분 정도 가면 톈컹디펑에 도착한다.

톈컹디펑이 하나의 풍경구인 줄 알았는데 톈컹이 있고, 삼각패에서 가까운 곳에 디펑이 있다. 우선 이 말의 의미를 알면 여행하는데 더 큰 의미가 있을 것이다. 톈컹은 '하늘의 갱도(구덩이)'라는 뜻이고, 디펑은 '땅을 바느질하다.'라는 뜻이다. 얼마나 갱이 깊으면 '하늘 구덩이'라 했으며, 얼마나 협곡이 좁으면 '바느질'이라고 표현했을까?

톈컹의 근처에 있는 농가락(农家乐)에서 하루를 묵었다. 삼각패라는 도시에서 묵기에는 유난히 밤이 더웠기 때문이다. 아침 일찍

충칭 펑제 톈컹

톈컹을 찾아갔다. 아침부터 시끄러울 정도로 매미의 울음소리가 숲속에서 흘러나온다. 사실 이 톈컹을 보기 전까지는 어떤 곳인가 의아해했다. 지그재그 형태의 셀 수 없는 계단을 따라 계곡 아래로 내려갔다. 계곡이라기보다는 갱도를 파고들어 가는 기분이다. 나보다 먼저 내려간 사람들의 목소리가 들린다. 지척에 보이는 그들이지만 아래로 돌고 돌아가는 길은 참으로 길었다. 그들이 소리를 지르면 곧바로 메아리가 되어 갱도의 울림으로 선명하게 돌아왔다. 주변의 들풀꽃 들은 잡목을 헤집고 벽에 기댄 채 여행자들을 반기고 있다. 그늘진 습한 곳에서는 이끼를 촉촉이 적시는 물방울들이 흘러내린다. 아침인데도 더위를 식히고자 물방울을 손에 적시며 가슴과 배에 쓸어 담았다.

내려가는데 시간 반이 걸렸다면 이 구덩이의 깊이가 어느 정도인지 알 만하다. 올라올 생각을 하니 눈앞이 아찔했다. 그런데 다리를 절며 내려온 노인이 있어 그나마 스스로 위안이 되었다. 이

웅덩이는 어림짐작에 지름이 약 600m 정도의 원형 구덩이다. 힘겹게 갱의 맨 밑까지 내려갔다. 밑에서 위를 올려다보면서도 처음에는 무엇을 의미하는지 느끼지 못했다. 한 아주머니가 앉아서 카메라로 올려보면 우물의 형상을 볼 수 있다는 것이다. 그러면서 이곳을 설명하는 글귀가 쓰여 있는 것을 보라고 한다. 소개하는 현판에는 '좌정관천(坐井观天)'이라 쓰여 있다. '우물에 앉아서 하늘을 보다.'가 딱 맞는 말이다. 옆에는 동굴로 보이는 형상의 커다란 구멍이 보였지만 들어가는 길은 보이지 않았다. 게다가 그쪽으로 발길을 돌리는 사람은 없었다. 보기만 해도 무언가 빨려 들어갈 것 같은 중압감이 여행자들의 마음을 조여왔을 거라는 생각이 들었다.

텐컹이 어떻게 생성되었는지 생각하면 머리가 아플 지경이다. 이곳은 외국의 지질학자들도 탐사의 대상으로 자주 찾는다고 한다. 카르스트 지형을 이야기한다면 나는 잘 모르겠다. 그저 나에

충칭 펑제 디펑

게는 놀라움과 신비의 대상일 뿐이다. 이곳을 내려올 때 절벽 중간쯤에 또 한 번의 원형 협곡이 숲으로 둘러있다. 아주머니와 함께 온 가족들과 기념사진을 남기고 올라오기 시작했다. 올라오고 나니 그동안 옹달샘 같은 샘물에 있었다는 것을 실감했다. 하늘의 샘물 속을 신선으로 놀았다.

이러고 보니 디펑이 또 궁금하다. 중국인들도 요즘에는 자가용을 가지고 여행을 하는 사람들이 많다. 때로 그들에게 덕을 보는 일도 많았다. 그러나 늘 그들이 항상 나에게 가까이 있다는 생각은 하지 말아야 한다. 오늘따라 버스를 기다리고 찾아가는 시간이 꽤 길어지면서 시간에 쫓기어 디펑으로 향했다. 디펑은 사람들이 그리 많지 않았다. 처음에 협곡으로 들어갈 때는 사람 소리도 들리지 않아 음산했다. 돌아 나오는 사람에게 물으니 협곡에 사람이 있다고 한다. 바삐 걸었다. 점점 더 협곡으로 깊이 빠져들었다. 몇몇 사람들이 걸어 나오고 있다. 협곡이어서 그런지 일찍 어둠이 내리고 있다. 디펑에 도착하니 아직도 사람들이 디펑의 좁은 협곡을 오가고 있어 마음이 놓였다. 두 개의 바위가 작은 틈새의 통로를 만들어 놓았다. 절벽의 상층부는 한 뼘으로 잴 수도 있을 것 같다. 특히 제 일의 협곡인 천정협(天井峽)이라는 곳도 괜스레 붙여진 이름이 아니다. 사람들이 디펑의 절벽 사이를 오가면서 바위 생김의 신기한 형상을 보는 듯 위아래를 바라보고 있다. 나 역시 디펑의 협곡을 다닌 것으로 만족하고 서둘러 돌아오니 태양은 아직도 산을 넘어가지 않았다.

삼각패에 가서 숙소를 잡으려니 숙소마다 방이 없다고 한다. 주말이면 이런 풍경구에는 언제나 사람들로 북적인다. 다시 텐컹의 농가락으로 돌아가 하루를 더 보냈다. 참으로 알 수 없는 곳이다. 오늘은 끝없는 미로의 길을 걸은 것만 같았다.

중국의 놀이 문화

중국에서 도시든 작은 마을이든 공원이나 광장을 거닐다 보면 늘 사람들로 북적인다. 여자들은 아침저녁으로 광장에 모여 각종 기구(부채, 칼 등)를 가지고 나와 춤을 추기도 하고, 정자 같은 곳에서 노래를 부르기도 한다. 또 도심의 광장에서도 악극단이 공연하는 모습을 쉽게 접하기도 한다.

공원에서의 음악회

충칭(重庆)의 펑두(丰都)라는 곳에서는 장강 언저리의 광장에서 선생님이 어린아이들에게 댄스를 가르치고 있는 것을 보았다. 나이 많은 남자들은 태극권과 '우슈'라고 하는 운동하면서 자신의 체력을 단련한다. 우리나라에서는 실내에서 운동하는 경우가 많은데, 이들은 공원에 작은 공간이라도 있으면 배드민턴이나 탁구를 하기도 하고, 나무 그늘의 테이블에서는 카드놀이, 장기, 골패, 마작 등을 즐기기도 한다. 그러나 바둑을 두는 사람들은 보기가 힘들다.

가장 많이 하는 놀이가 카드놀이인데 중국인에게 사행심을 키우게 될 골칫거리 문화로만 보였다. 공원뿐만 아니라 기차에서 서로 모르는 사이일지라도 네 명이 앉으면 카드놀이를 즐긴다. 남녀노소 가리지 않고 하는 이 카드놀이는 사실 운에 의존하는 게임이기 때문이다. 큰돈 내기는 아니지만 중국 사람들은 카드놀이를 하면서 보내는 시간이 많았다.

장기는 주로 어른들이 많이 두고 있는데, 훈수나 구경을 하는 사람이 스무 명도 넘는 장면을 흔히 볼 수 있다. 큰 재밋거리라도

중국 공원의 거리 장기

있나 하고 머리를 집어 넣어보면 한판의 장기를 놓고 모두가 정신이 없다.

그런데 애석하게도 장기를 두는 방식이 우리와 다르다. 간단히 몇 가지를 배웠다. 우선 초(楚)나 한(漢)의 왕(王)은 대각선으로 다니지 않는다. 어찌 왕이 좁은 길로 다닐 수 있느냐는 의미이다. 사(士)는 사선 즉 대각선으로만 다닌다. 어찌 왕의 길인 대로를 갈 수 있느냐는 뜻이다. 포(包)는 차(車)처럼 직선으로 다닐 수 있다. 단, 기물을 타넘어 갈 때는 상대방의 병사를 잡아먹을 때 가능하다. 포가 포를 먹기도 한다. 상(象)은 밭 전(田)자로 가며 상대 진영으로 들어가지 않는다. 어찌 재상이 전쟁에 위험한 적진을 가느냐는 뜻이다. 졸(卒)은 자기 진영에서는 옆으로 갈 수 없다. 어찌 병사가 공격에 주저하는 행동을 할 수 있느냐는 뜻이다. 어찌 보면 다 일리가 있다.

윈난성 청강(澄江)에서 푸셴호(무선호, 撫仙湖)를 구경하고 시내에 있는 풍산 공원을 산책했다. 우연히 장기를 두고 계신 할머니를 만나 장기를 둔 적이 있다. 우리나라의 방식과 혼동이 되어 둘 수가 없었지만 비겼다.

마작은 공원뿐만 아니라 술집 또는 숙소에서도 흔히 볼 수 있다. 우리나라에도 오래전에 어른들이 즐겨 하는 것을 보았는데 지금은 그리 흔치 않다. 대학생들에게 마작할 줄 아느냐고 물으면 고등학생 때부터 할 줄 알았다고 했다. 아마 마작은 가정에서 어릴 때부터 부모와 함께 즐겨 하는 것 같다.

어느 해 겨울에 공원을 산책했다. 어디선가 들려오는 채찍 소리가 나는 곳으로 다가갔다. 중년의 아저씨가 아주 긴 채찍으로 먼 거리에서 벽을 치는데 그 소리가 명쾌하게 들렸다. 내가 잠시 해보고 싶다고 하여서 해보았지만 눈에 보이는 것처럼 쉽지 않았다. 많은 숙련이 요구되는 육체 단련의 기구인 것 같았다. 그리고 팽이를 돌리기도 한다. 팽이가 엄청나게 크고 역시 채찍의 명쾌한 소리와 함께 잘 돌아가고 있었다. 이것 역시 해본 결과 그리 만만치는 않았다. 팽이가 쇠로 되어 있고 보통의 아령만큼 무겁다. 도심의 중앙의 대형 상점에서 파는데 사고 싶어 물어보니 런민비 100위안 정도의 가격이라고 한다. 이 밖에도 내가 보지 못한 놀이와 게임도 당연히 많이 있을 거라 생각한다.

나는 인터넷으로 바둑을 즐겨 두곤 한다. 한중 바둑대회가 열리는 것을 보면서 중국에도 바둑을 많이 둘 줄 예상은 했었다. 하지만 도심의 광장이나 공원에서 바둑을 두는 것을 거의 보지 못했다. 2015년 겨울 동북을 여행하다가 네이멍구 자란툰(扎兰屯)에서 우연이 젊은이의 소개로 바둑 두는 곳을 알게 되었다. 바둑을 같이 둔 친구는 초등학생을 대상으로 바둑을 가르치고 있다고 한다. 몇 판의 바둑을 두면서 알게 된 그의 친구들과 식사도 하면서 즐겁게 지낸 여행이기도 하다.

이후 그들의 소개로 헤이룽장성 치치하얼(齐齐哈尔)에서도 바둑 친구들을 사귀면서 여행의 즐거움을 만끽했다. 같이 바둑을 둔 친구는 이름이 기이하게도 한중우(韓中友)라고 한다. '한국과 중국이 벗'이라는 의미로 해석된다. 이들은 바둑 모임이 있을 때는 나를 청한다. 바둑이 끝나면 함께 식사하면서 한국 사회에 대한 궁금증을 물어오곤 했다. 게다가 이창호와 이세돌을 이야기하면서 한국의 바둑을 높이 평가해주는 그들을 보면서 마음 뿌듯한 느낌도 들었다.

한 번은 치치하얼 방송국에서 신춘 대국을 촬영한다고 하여 나를 인터뷰했다. 귀국 후에 그곳 친구들로부터 방송국 뉴스에 내가

공원에서의 무술 연기

소개되었다는 말을 전해 듣고 무척 기뻤다. 살다 보니 이런 일도 다 있나 하는 생각도 들었다. 다음 해 여행에서는 치치하얼에서 10월에 열리는 '504배'라는 바둑대회가 있어 참가하기도 했다. 대회 명칭의 연유가 궁금하여 물었더니 작년에 63세로 돌아가신 장수성(張樹成)이란 분의 집 주소에서 온 명칭이라고 한다. 대회 명칭의 이름이 너무 소탈해 보였다. 이분이 치치하얼의 아이들에게 거의 무료로 바둑을 가르치며 일생을 보냈다고 한다. 그를 기리기 위한 대회가 벌써 6회를 맞이했다. 자랑스럽게도 이 대회에 참가하여 30명 중 16등을 하여 홍빠오(紅包)를 받기도 했다.

취미가 있다는 것은 사람을 사귀는데 참으로 좋은 수단이고 도구이다. 하지만 내기를 하는 게임은 언제나 큰 도박으로 이어지는 위험도 늘 따른다. 초임 교사로 부임했을 때 학생들에게 당구, 바둑, 장기 같은 것은 배워야 한다고 했다. 특별활동으로 바둑을 해보겠다고 하면 어른 선생님들이 잡기를 가르친다고 하면서 제지했다. 참으로 이해가 안 되었던 시기에 교사 생활을 했다. 실력으로 하는 게임은 배우더라도 운으로 하는 게임은 배우지 않는 것이 좋다.

할아버지가 손자와 장기나 바둑을 두는 장면을 보고 있노라면 아름다워 보인다. 하지만 손자와 화투 놀이를 한다면 보기가 그리 좋아 보이지 않는다. 휴식은 일하기 위한 충전의 시간이다. 건전한 놀이 문화를 잘 가꾸어 가는 것도 건강한 사회를 만들어 가는 데 매우 중요하다는 생각을 해 보았다.

중·러 변경도시 헤이허(黑河)

　　헤이룽장성 최북단 모허(漠河)에서 헤이룽
장을 따라 동남쪽으로 이동했다. 기차로 타허(塔河)까지 와서 버스
를 타고 다시 후마(呼瑪)로 이동했다. 후마에서는 생각지도 않게
루딩산(鹿鼎山)과 화산(画山)이라는 아름다운 산을 오르기도 했다.
　다시 헤이룽장을 따라 후마에서 헤이허까지 5시간 정도 버스로
이동했다. 힘들게 도착한 헤이허라는 도시다. 본래는 모허에서 헤
이허까지 비행기로 이동할까도 생각해 보았었다. 하지만 기차와
버스를 타면서 차창으로 보이는 산천을 바라보는 기쁨도 컸다. 드
넓은 삼림과 옥수수밭을 지나면서 파란 하늘 위로 하얀 뭉게구름
이 따라오고 있는 그림은 오래도록 잊을 수가 없었다. 지리적으
로 중국의 생활 분포를 이야기할 때 이런 말이 있다. 헤이룽장성
의 헤이허와 윈난성의 텅총(騰冲)을 잇는 선을 그어서 동남쪽은 인
구 분포나 생활 수준이 높은 지역으로, 서북쪽은 인구도 적고 생
활 수준도 낮은 편으로 분류한다. 저녁에 도착한 헤이허의 밤거리
는 번화하다.

밤길에 늘어선 돔 형태를 보이는 러시아풍의 건물 지붕들이 불빛 속에 장엄하고 화려하게 비친다. 네이멍구의 만저우리(滿洲里)를 가면서 지나는 기차역의 건물들도 모두 이러하다. 특히 네이멍구 북부의 만저우리라는 도시는 러시아와 국경을 마주하고 있는데 초원에 건설된 야경의 도시로 유명하다. 강변을 따라 걷는 동안 러시아인의 발길도 잦았다. 헤이룽장 상에서 러시아와의 교역이 동북쪽에서 가장 활발히 이루어지는 곳이라는 것을 짐작할 수 있다. 헤이룽장 저편 러시아 땅의 도심도 변화한 모습이 강물에 아른거린다. 러시아의 아름다운 중년의 아주머니가 스스럼없이 내 어깨에 팔을 올려놓는다. 한 장의 기념사진이 헤이허의 밤 풍경에서 잔영으로 남았다.

다음 날 헤이허에서 멀지 않은 아이후이(璦琿)로 갔다. 사실 헤이허는 현대 문명 속에 중국과 러시아의 교역 도시로 성장했지만, 역사적으로 유명한 곳은 아이후이라는 작은 마을이다. 30분 정도를 소요하여 도착한 아이후이에 천둥 번개를 동반한 비가 세차게 내린다. 이때 한 건물의 처마 밑에서 배낭 속의 남은 빵조각을 꺼

헤이허 밤 강변

중국 유랑 상

내어 입에 물었다. 초라해 보이는 모습을 감출 수가 없었다. 이렇게 내리던 비도 어느새 그치고 맑은 하늘을 드러내는 것이 이곳의 날씨다.

아이후이는 옛 구전(古鎭)으로서도 이름이 나 있지만 지금은 전혀 고풍스러운 모습을 찾을 수가 없다. 구전의 옛 모습을 재조명해 보겠다는 일련의 행동은 구석구석에서 나타나고 있다. 중국의 구전에 관심이 많은 한 중년 남자도 이곳을 와서 실망하고 있는 모습이 역력하다. 이곳은 볼거리가 지청박물관(知靑博物館)과 역사진열관 두 곳이 있다.

우선 지청박물관을 가려는데 마을 사람들이 오후 1시가 되어야 개방한다고 한다. 나는 마을의 집들을 기웃거리다 술을 만드는 가정집을 방문했다. 아주머니가 나오더니 진짜 수수로 만든 고량주라고 자랑하면서 만드는 과정을 직접 보여주었다. 나는 큰 플라스틱병으로 4근을 샀다. 중국에서 무게 단위로 1kg이 2근이고 1근이 10량이라는 단위를 쓴다. 그러니까 2kg을 산 것이다. 여행하는 동안 저녁에 고기를 먹을 때면 조금씩 이 고량주를 마시곤 했다.

지청박물관으로 걸었다. 자가용으로 온 사람들이 꽤 많았다. 이 박물관의 의미는 이러하다. 헤이룽장성의 이곳이 예전에는 거의 황무지로 있었다. 1960년 후반부터 70년 초반까지 중국 지식 청년들 즉 청년 엘리트들이 헤이룽장성의 농업을 부흥시키기 위해 이곳에 왔다. 우리나라의 새마을 운동이 한창인 시기와 같다. 이들은 농업과 농촌의 가정생활 및 아이 보육까지 주민들을 도움으로써 자력으로 살아갈 수 있는 여건을 제공해 주었다. 주로 상하이 주변 지역에서 온 17~25세의 청년들이다. 박물관 내부는 청년들이 농촌부흥을 위해 노력한 흔적들을 자세하고 생생하게 조각

아이후이 지청박물관

해 놓았다. 심지어 의료 봉사를 하는 청년들도 이곳에 와서 농촌
생활 전반의 발전에 이바지했다. 박물관의 전언(前言)에는 '이들
청년의 노고를 중국 인민 정부는 영원히 잊지 않을 것'이라고 기록
해 놓았다. 중국 바둑계의 대부였던 섭위평도 이곳에서 멀지 않은
산허농장(山河农场)에서 활동하면서 바둑에 전념했다는 일화도 기
록으로 남아 있다. 이 당시에 거친 황무지를 의미하는 북대황(北大
荒)이라는 말이 생겨났다. 그 후로 헤이룽장성은 늘 북대황이라는
별칭을 달고 있다.

　다음으로 러시아와의 전쟁 역사로 얼룩진 사실에 초점을 둔 역
사박물관을 둘러보았다. 중국과 러시아 간의 전쟁에 관한 이야기
를 알아보았다. 중러전쟁의 역사는 1689년 네르친스크조약을 맺
는 첫 중러전쟁의 역사부터 시작된다. 중러전쟁의 결과로 러시아
는 베이징으로 가는 교역로를 얻는 대신 연해주의 부동항을 잃었
다. 세월이 흘러 중국 청나라가 서양 열강의 외세에 서서히 식민
지화되는 아편전쟁을 겪게 된다. 1차 아편전쟁으로 난징조약이

맺어지면서 영국에게 홍콩을 내주게 된다. 그래도 서양 열강은 중국의 개방에 만족하지 않았다. 다시 애로호 사건을 이유로 2차 아편전쟁을 일으킨다. 이로써 톈진조약이 이루어지면서 서양 열강의 식민지화가 본격화되어 갔다.

이때 중국과 서양 열강의 전쟁에 아무런 관련도 없던 러시아가 중국을 돕는다는 구실로 끼어들어 중러간 아이후이에서 조약을 맺는다. 이때의 조약으로 러시아는 연해주의 부동항인 블라디보스톡과 외흥안령(外興安嶺, 스타노보이 산맥)의 농토지를 획득하게 된다. 중국 헤이룽장성의 지리는 동으로 소흥안령(샤오싱안 산맥, 小興安嶺), 서쪽으로 대흥안령(다싱안 산맥, 大興安嶺), 그리고 지금의 연해주로 외흥안링이라는 지형으로 이루어져 있다. 중국이 협약에 불만을 품고 재차 베이징조약을 맺는 과정에서 오히려 연해주의 땅을 러시아 땅으로 확인시켜주는 결과를 초래했다. 모든 것이 중국의 굴욕적인 근대사를 말해주고 있다. 중러 간의 역사는 간단히 이러하다.

이제 과거를 거울삼아 현재의 우리가 어디서 어떻게 살아가고 있는가에 충실하면 된다. 모두가 그렇게 살아갈 때 인류의 역사는 아름다운 그림자로 각인된다. 돌아온 헤이허의 밤거리 화려함이 변경의 도시 같지 않다. 밤이면 강변을 따라 거니는 연인들이 사랑을 노래하고, 광장에는 많은 사람이 몰려와 춤과 노래로 불야성을 이룬다. 이곳의 러시아 식당을 들어가 보면 중국인도 러시아 음식을 즐겨 먹는다.

아침에 일찍 은행이 문을 열자마자 들어갔다. 은행에 제일 먼저 찾아 들어간 손님이 나인 것 같았다. 어제 신용카드로 현금을 찾으려다 인출기가 카드를 삼켜버렸기 때문이다. 은행 직원이 나의 여권을 가지고 한참 신분을 확인한 후에야 카드를 돌려주었다. 나의 여권을 살펴보기를 여러 번 했다. 그리고 나의 얼굴과 거동까지 보는 기분이 들 정도로 표정과 동태를 살폈다. 은행을 나와 헤이룽장 강변에서 유람선에 올랐다. 마침 이곳을 여행하는 이탈리아인과 자리를 함께했다. 배는 러시아와 가까운 강변으로 흘러갔다. 한산한 러시아 강변의 모습이 쓸쓸해 보인다. 가끔 강변을 순시하는 순시선이 쏜살같이 지나가곤 한다. 강변 러시아 산업시설의 한 장면을 사진에 담았다. 잘 통하지 않는 영어를 구사하며 이탈리아인과 함께한 시간도 지루함을 잊게 했다. 오후에는 가까운 진허대협곡(錦河大峽谷)과 중국의 러시아 마을인 중러풍경구(中俄風景区)를 구경했다.

헤이허의 아침 길거리는 좌판을 깔아놓은 상인들의 모습이 길게 늘어서 있다. 이곳 헤이룽장성에서 산출되는 '마나오(瑪瑙)'라는 수석을 파는 상인들이다. 처음 보는 수석이지만 현지인들은 수석을 둘러보며 관심 있게 상인과 이야기를 나누기도 하고 거래가 이루어지기도 한다. '마나오'라는 수석은 화산이 있는 지역에서 생겨나는 변질된 화석으로 대부분 짙은 황색의 돌이다.

이곳에서 멀지 않은 곳에 헤이룽장성의 최대 풍경구인 우다롄지(五大連池)가 있다. 이곳이 바로 화산 분출로 인하여 형성된 분화구로 이루어져 있다. 마나오 수석은 아주 작은 것이 완두콩 정도의 것도 있고, 큰 것은 일반적으로 어른의 주먹 크기 정도가 대부분이다. 플래시로 돌을 비추어보면 투명한데 이 투명한 정도의 차이에 따라 값이 결정된다.

헤이허를 떠나 한 달이 조금 지난 뒤 나는 산허농장을 찾고 싶었다. 농장을 보고 싶기도 했지만 모허에서 만난 치치하얼(齊齊哈尔)에 사는 한 아주머니와의 약속을 지키고 싶었다.

다시 치치하얼로 가서 아주머니를 만났다. 아주머니와 기차를

헤이룽장성 넌쟝의 산허농장

타고 넌쟝(嫩江)을 경유해 산허농장으로 향했다. 이곳을 보고 싶다
는 마음이 간절한 이유가 하나 더 있었다. 십여 년 전에 서점에서
우연히 책을 보다가 '북대황(北大荒)'이란 책을 보게 되었다. '북대
황'이란 헤이룽장성의 성도인 하얼빈 북쪽 지방의 큰 황무지라는
뜻이다. 그 당시 이 책을 읽으면서 혹독한 추위 속에서도 정이 넘
치고 자연을 벗 삼아 살아가는 소수 민족들의 삶이 무척 흥미롭게
다가왔다. 특히 '넌쟝'이라는 지명이 책 속에서 여러 번 눈에 띄었
던 기억도 났다. 아무튼 '북대황'의 겨울나기를 한 번 경험해 보고
싶었다. 온 세상이 하얀 눈으로 덮일 때 이곳을 거닐어 보고 싶은
마음도 간절했다.

  길을 서둘렀다. 넓은 평원에 초지뿐 아니라 콩과 옥수수밭 그
리고 수수밭이 끝없이 이어진다. 아주 작은 집들이 집단을 이루어
살고 있는 촌락들이 여기저기 보였다. 아주머니는 이곳의 농업경
제 사정에 대해서도 말해주었다. 헤이룽장성의 넓은 농경지대의
산물과 다칭(大庆)에서 나는 석유는 헤이룽장성의 주요 수입원이
다. 하지만 이곳 자체에서 관리하지 않고 중앙정부의 산하기관으

로 조직되어 관리되고 있다.

　농산물은 수확이 되면 운반이 용이하도록 대부분 기차역 부근의 저장 창고로 옮겨 저장한다. 이들 농업조직의 산하단체 조직도 여러 단계로 구성되어 있다. 농업기관의 조직은 '队-分场-农场-农垦局-农垦总局-农业厅-农业部'라는 단계로 농업부는 베이징에 있다.

　이들은 아침 햇살이 초원에 비치면 젖소와 양떼를 데리고 풀을 먹이러 떠난다. 저녁이면 다시 젖소와 양떼들은 집을 찾아 돌아온다. 9월 초순인데도 아침저녁으로는 한기가 내 몸에 스며든다. 들녘 어디를 가도 야트막한 핑딩산(平定山)은 평원 속에서 우뚝 솟아 보인다. 오후 햇살이 기울어지면 어둠이 오기 전 붉게 물든 노을을 바라보며 사흘을 보냈다.

　매일 저녁이면 투박한 콩두부와 밀가루 빵 그리고 약간의 돼지고기가 곁들여지면 한 잔의 고량주도 따라다녔다. 농촌의 훈훈한 인심과 아름다운 자연에 파묻힌 시간이다. '북대황'의 소설 속에 나를 생각하면서 농장을 떠났다. 때로는 헤이허 지방을 둘러싸고 있는 주변의 풍광과 삶들이 눈에서 아른거린다.

공예품을 만나다

인간이 살아가는 삶 속에는 각기 그들의 독특한 환경을 가지고 있다. 지리적 여건에 따라 다르고 기후적인 변화에 따라서도 환경은 달라진다. 인간은 자신도 모르게 그러한 환경 속에 순응하면서 그들만의 문화를 소유하게 된다. 신이 인간에게 준 가장 큰 선물은 노동이라고 한다. 동물은 하루 먹을 것을 찾아다니는 일로 평생을 반복하며 살아간다. 하지만 인간은 무료함을 달래기 위해서 쓸데없는 일이라도 해야만 삶의 가치를 느낄 수 있다. 이렇듯 노동이 낳은 그 결과물이 오늘날 우리가 살아가고 있는 현대 문명이다.

이처럼 문화와 문명은 지구상 곳곳에서 다양한 형태로 생겨났다. 대부분 한 나라의 국민은 서로 공통된 문화와 문명을 공유하면서 살아간다. 대륙의 땅 중국을 여행하면서 특별히 지역마다 구별되는 특징은 무엇일까 생각해 보았다. 해외 무역과 상거래가 잦았던 동부 지방은 풍류객의 현대적인 문화와 문명, 즉 의복이나 공산품 등이 발달했고, 서부지역은 황하를 중심으로 역사적 사료

장위안(江源) 송화석 박물관(松花石博物馆)에서

가치가 있는 석굴 벽화 등의 문화와 문명이 발달했다. 남방으로는 아름다운 자연을 접하면서 살아간 시인들이 사용하는 문방사우(文房四友)나 다기(茶器) 용품이 발달해 있다고 나름대로 구분해 보았다. 그런데 동북 지방을 여행하다 보면 석공예나 목공예품을 파는 상점들을 흔히 볼 수 있다. 이곳은 화산지대 부근에서 생성된 '마나오(玛瑙)'라는 수석이 활발하게 거래된다. 게다가 조각가에 의해 조각된 공예품은 특별한 부가가치를 창조해 내기도 한다.

지린성을 여행하다가 장위안(江源)에 있는 송화석 박물관(松花石博物馆)을 들른 적이 있다. 박물관이라지만 어찌 보면 송화석을 파는 상점들의 집단 장소이기도 하다. 상점을 지날 때마다 그들이 가지고 있는 송화석에 대한 소개를 거창하게 늘어놓는다. 기이하고 오묘한 송화석을 볼 때는 입이 다물어지지 않을 정도다.

나는 고국의 충북 제천을 중심으로 교직 생활을 오래 했다. 이곳에서는 영월과 수산 그리고 남한강을 중심으로 한 오석(烏石)이라는 새까만 수석이 유명하다. 질적으로는 다를지 몰라도 수석의 크기나 형상은 무척 다양하다.

랴오닝성에는 옥(玉)으로 유명한 슈옌(岫岩)이란 도시가 있다. 옥 산지로 아주 유명하다기에 일부러 시간을 내어 찾아갔다. 현지인의 말을 듣고 아침에 옥을 파는 장터로 향했다. 이른 아침인데도 상인들이 벌써 좌판을 깔아놓고 손님을 기다리고 있다. 그들이 파는 옥의 물건은 대부분 목걸이, 팔찌 종류다. 가끔 나무 조각에 걸어놓는 과일 형태의 옥과 단순한 원형판의 옥, 때로는 원석 그대로의 옥을 팔기도 한다. 이곳에서 사는 옥만큼은 가격에 비해 속거나 바가지요금을 지불할 염려는 없어 보였다. 시간이 얼마 지나니 순식간에 상인들은 옥을 챙겨 어디론가 가버리고, 음식을 파는 상인들이 금세 자리를 메워갔다.

내가 이런 수석이나 옥에 대한 조예나 관심이 있는 사람도 아니다. 하지만 그들만이 즐기는 향연에 질투를 느끼고 있는지도 모른다. 내친김에 세계 최대의 옥을 찾아 작은 마을인 옥석광(玉石矿)으로 향했다. 수암에서 30분 이상 차를 타고 들어간 옥석광이란 마을은 한산하기만 했다. 산을 보니 군데군데 옥을 캐내는 광산에서 대형차들이 오르내리고 있다.

먼지를 뒤집어쓰고 비지땀을 흘리며 산을 올랐다. 세계 최대의 크기를 자랑하는 원석의 옥은 일반 바위와 다름없이 보여 조금은 실망스러웠다. 공사장 인부가 오더니 옥바위에 대한 설명도 해 주었다. 나는 옥을 조각하는 20명 정도의 조각가가 서양의 천지창조나 동양의 불상 등을 조각해 놓으면 아주 유명한 명소로 바뀔 수 있다고 말했다.

또 한 번은 헤이룽장성 치치하얼(齐齐哈尔)에서 지인의 소개로 석공예 대가를 알게 되었다. 50대 중반으로 보이는 이분의 이름은 모중호(牟中虎)다. 대화하다 보니 그는 대학에서 미술과 조각을 가르치고 있는 대학교수다. 이분은 석공예뿐만 아니라 서예, 동양화

등 각종 공에 서예 모두에 아주 능통한 분이다. 그의 작업실에도 몇 번 들르면서 그의 작품을 감상하기도 했다.

한 번은 책상 위에 신문이 놓여 있어 들여다보았다. 그런데 놀랍게도 이 대학교수의 조각품과 이분의 사진이 게재되어 있다. 작품은 쥐가 옥수수를 갉아 먹고 있는 형상을 조각한 것이다. 내가 말을 잘못하여 "옥수수가 쥐를 갉아 먹는다."라는 식으로 말을 하여 한참을 웃었다. 어쩌다 보면 급하게 말의 이런 실수가 나오기도 한다. 어디선가는 "내가 모기를 물었다."고 말을 하여 웃음을 자아낸 적이 있었다. 그런데 이 작품이 중국 베이징에서 공예품 경진대회에 전국 은상을 수상한 작품이라 더욱 놀랐다. 나는 두세 번을 종용한 끝에 이 작품의 실물을 볼 수 있었다.

우선 이 작품의 석질은 네이멍구 츠펑(赤峰) 시의 북쪽에 있는 바린우기(巴林右旗)라는 지역에서 산출된다. 그래서 바린스석(巴林石)로 불리며 중국에서 유명한 석질이 산출되는 몇 안되는 장소로 알려져 있다. 이 바린스는 인장이나 공예품을 만드는데 아주 좋은 석질로 이름이 나 있다.

실물을 들고 어떤 포즈로 찍을까도 무척 고민하면서 여러 장의 사진을 남겨 두었다. 이런 작품은 잃어버리지 않도록 잘 관리하라고 했더니 이곳 박물관에 맡길 거라고 한다. 누가 탐을 내면 어떻게 하느냐고 했더니 집보다 훨씬 안전하다고 한다. 이 작품을 보고 수석 공예품을 보는 나의 안목이 훨씬 높아졌다는 것을 느꼈다.

귀국을 앞두고 인사차 작업실에 들렀더니 잠시 붓을 들고 화선지에 글을 써 내려갔다. 그리고는 이별을 아쉬워하는 의미라며 나에게 선물했다. 그리고 더운 여름이라고 앞뒷면에 난(蘭) 그림과 '세상일은 모두 단순한 기본 원리에 기인한다.'는 대도지간(大道至簡)이라고 쓴 부채도 만들어 주었다.

마나오석 공예품

또 한 번은 네이멍구 자란둔(扎兰屯)에서도 은행장이 소장하고 있는 목공예 작품을 의미 있게 감상하기도 했다. 내가 알게 된 한 의사, 부인이 찻집을 운영하는 중학교 교사 등 모두 목각이나 석 각에 아주 관심이 높았다.

장제스 총통이 마오쩌둥에게 쫓기어 대만으로 갈 때 국보급의 문화재들을 다수 가져갔다. 그리고는 국립고궁박물관을 지어 소 장된 문화재를 진열하여 놓았다. 그곳을 관리하는 직원이 말하길 석 달에 한 번씩 유물을 바꾸어 진열해도 몇십 년은 필요하다고 한다.

사람의 손으로 인하여 파괴되는 자연물도 수없이 많지만, 쓸데 없는 것이 사람의 손을 거치면서 하나의 훌륭한 작품이 되기도 한 다. 우리가 살아가면서 남겨놓은 유품들이 후손에게는 훌륭한 자 산으로 이어지기도 한다. 마찬가지로 지구라는 우주의 한 별에서 영원히 살 수 있는 길은 지구 환경을 잘 가꾸어 나가는 것이다. 원 석이 옥석으로 되기까지 노력하는 조각가처럼 말이다.

배움이 좋다

　　　　　　교육은 인간을 교화하는 것이다. 즉 배움을 통해서 변화를 얻는 것이 교육이다. 아무리 명강의를 한다고 해도 피교육자의 변화가 없다면 하나의 잡스러운 말에 불과하다. 우리는 동양의 사상을 무의식중에 받아들이면서 성장하여 왔다.

　현대에 들어와 서양의 문물을 받아들이면서 많은 의식의 변화를 가져오기도 했다. 그런 이유로 기성세대와 신세대 간의 갈등을 겪고 있는 것도 사실이다. 언제부터인가 개인의 인권을 강조하면서 개인주의가 날로 팽배해 가고 있다. 부족 시대에서 씨족 시대로 그리고 가족 중심에서 더 나누다 보니 이제는 핵가족 시대라는 말이 나왔다. 이러다가는 앞으로 더 분리된 분자 가족이라는 말이 나올지도 모른다.

　한 번은 중국을 다니면서 보았던 그들의 교육을 나름대로 생각해 보았다. 우선 그들은 어릴 적부터 자연스럽게 중국의 철학 서적을 많이 접한다. 그 철학 서적은 초등학교 과정부터 우화로 만들어 인간이 어떻게 살아가야 하는가를 쉽게 이해하고 배울 수 있도록 비유적으로 교육하고 있다. 즉 우리가 흔히 말하는 공자, 맹자, 노자, 장자 등 이들이 이루어 놓은 사상을 통하여 부단히 학생들을 교육한다.

아무리 첨단 과학의 시대라고 해도 인간 본연의 올바른 인성 의식이 정립되지 않으면 안 된다. 우리도 예전에 이러한 동양의 사상을 교육해 왔다. 요즈음 대기업에서 신입사원을 선발하는 과정에 역사와 인문학의 학습 정도를 비중 있게 물어온다고 한다.

나는 철학의 정의나 본질에 대한 이해력은 없으나 오직 철학은 사람을 부단히 생각하게 만든다는 정도는 알고 있다. 때로 TV로 철학에 대한 강의를 들을 때면 이야기에 빠져들어 그동안 몰랐던 삶의 이치에 감탄한다. 그리고 그동안 내가 어리석게 살아왔다고 생각해 보기도 한다.

배움. '알아가는 과정이 제일 행복하다.'라는 것을 깨달았다면 그것 자체도 대단한 일이다. 요즈음 이런 의미를 조금이나마 느끼는 기분이다. 나는 장자와 한비자가 기록해 놓은 철학서의 우화를

악기를 배우다

읽으면서 많은 생각을 한다. 하나 예를 들어 보고자 한다.

'집에 담벼락이 무너졌다.

어린 아들이나 옆집 할아버지 모두 '담벼락을 고치지 않으면 도둑이 들 것.'이라는 똑같은 말을 했다.

그런데 정말 집에 도둑이 들어 재물을 잃어버렸다.

옆집 할아버지는 도둑으로 의심받았고, 아들은 현명한 자식이라고 생각하는 집 주인이다.'

아마 나도 그렇게 생각했을 것이다.

'어느 나무꾼이 도끼를 잃어버렸다.

자신이 의심하는 사람을 보니 눈빛도 나를 피하는 것 같고 걸음걸이도 부자연스러워 보였다.

며칠 후 나무를 하러 산에 가서 도끼가 풀숲에 있는 것을 찾았다.

그동안 의심했던 사람을 다시 보니 전혀 훔친 사람 같지 않았다.'

나도 그렇게 생각했을 것이다.

이런 우화들이 중국의 어린 학생들에게 교육되고 있다. 장자는 은근히 빗대어 상대방을 깨우쳐 주는 우화를 많이 이야기해 놓았다. 남의 처지를 잘 이해하지 못한 행동을 비유한 '학철지부(涸轍之鮒)'라는 고사성어가 그렇고, 미련함을 내용으로 은근과 끈기를 일깨워 주는 '마부위침(磨斧爲針)'이나 '우공이산(愚公移山)'이란 이야기가 그렇다.

한 가지 더 소개한다면 '양주(楊朱)의 철학'이라는 이야기가 있다.

동생이 흰옷을 입고 외출했다가 비를 맞고 진흙이 튀어 들어올 때는 옷이 검게 변해 있었다. 이를 본 집의 개가 멍멍 짖어 대면서 달려들었다. 동생이 자신을 알아보지 못한다고 몽둥이로 때리려 하였다. 이를 사랑방에서 책을 읽고 있던 형인 양주가 보고 말했다.

'만약에 우리 흰둥이 개가 나갔다가 검게 변해서 들어온다면 너는 알아볼 수 있겠느냐.'라고 하는 이야기다. 역지사지(易地思之)를 일깨워주는 대목이다.

이처럼 비유를 들어 깨우쳐 주는 우화를 어린아이들에게 많이 들려주는 부모님들의 지혜가 필요하다. 우리나라도 동화를 통하여 아이들에게 지혜를 일깨워주는 이야기들이 많이 있다. 여하튼 어릴 적에 우리는 아이들의 품성을 기르고 지혜로운 사람이 되도록 지도해야 한다.

요즈음 인성 교육을 부르짖으면서도 실제로 교육 현장에서는 성적과 입시 위주에서 벗어나지 못하고 있다. 어디서 문제가 있는가를 반드시 진단해 볼 필요가 있다. 아이들의 옳고 그른 행동에 대해서 반드시 칭찬과 질책이 필요하다.

특히 잘못한 행동에 대한 질책이 가정에서 이루어지지 않는 경향이 있다. 이런 아이들이 학교에서 선생님에게 꾸중을 들었을 때 선생님을 부모와 비교해 미워하게 된다. 이로 인하여 아이들이 학교생활에 어려움을 겪고 있는 것이 지금의 현실일지도 모른다.

이러다 보니 요즈음 학교 현장에서 선생님에 대한 존경심을 기대하기가 어렵다. 예전에는 스승을 존경하는 마음이 어느 나라에 못지않았다. '세 살 버릇 여든까지'라는 말이 왜 나왔을까. 그런데 이제는 어느새 먼 옛날의 이야기처럼 들려오는 시대가 되어 버렸

서예를 배우다

다. 선생님들의 탓일까.

예전에 아버지에게 들은 이야기다.

어느 직장 상사가 선생님 말씀을 안 듣는 아들을 가르치기 위해 깊은 생각을 했다. 아들이 보는 데서 부하 직원들을 불러 거만한 태도로 접대하고는 돌려보냈다. 다음 날 아이의 선생님을 모신다고 하면서 선생님을 기다리고 있었다. 선생님이 오자 맨발로 나아가 허리를 굽히면서 극진히 모셔 대접했다. 이를 본 아들이 선생님의 존재를 어떻게 보았으며, 이후로 아들이 어떤 태도로 학교에 다녔는지 짐작할 수 있다.

어느 의사는 아들에게 선생님이 모르는 생물 문제는 자신도 모른다고 했다. 그리고는 선생님에게 알려주고는 아들의 질문에 답을 주라고 일러 주었다. 다음 날 선생님의 말씀을 들은 아이는 선생님이 모든 걸 해결할 수 있는 사람으로 여겼다.

다시 말하지만 아버지에게 들은 이야기다.

요즈음 이런 일을 학부모에게 기대해도 될까? 선생님도 부단히 교육에 충실해야겠지만 부모들은 선생님이 존경받는 사회를 만들었으면 하는 아쉬움이 있다. 교육 정책이 흔들리고, 교사의 사기가 떨어지면 결국 최종적 손해는 학생들에게 있다. 앞으로 우리 학생들이 좀 더 옛 성현의 지혜로운 글에 다가갈 수 있기를 기대해 본다.